国家社科基金
重大项目成果

对外汉语教学语法丛书

◎**总主编** 齐沪扬

# 存现句

唐依力 ◎主编 ｜ 费惠彬 ◎著

北京语言大學出版社
BEIJING LANGUAGE AND CULTURE
UNIVERSITY PRESS

© 2024 北京语言大学出版社，社图号 24078

图书在版编目（CIP）数据

存现句 / 唐依力主编 ；费惠彬著．-- 北京 ：北京
语言大学出版社，2024.6
（对外汉语教学语法丛书 / 齐沪扬总主编）
ISBN 978-7-5619-6546-7

Ⅰ．①存… Ⅱ．①唐… ②费… Ⅲ．①汉语－存现句
－对外汉语教学－教学研究 Ⅳ．①H195.3

中国国家版本馆CIP数据核字(2024)第106235号

# 存现句
## CUNXIANJU

排版制作：北京光大印艺文化发展有限公司
责任印制：周　燚

出版发行：北京语言大学出版社
社　　址：北京市海淀区学院路 15 号，100083
网　　址：www.blcup.com
电子信箱：service@blcup.com
电　　话：编 辑 部　8610-82303647/3592/3395
　　　　　国内发行　8610-82303650/3591/3648
　　　　　海外发行　8610-82303365/3080/3668
　　　　　北语书店　8610-82303653
　　　　　网购咨询　8610-82303908
印　　刷：北京联兴盛业印刷股份有限公司

版　　次：2024 年 6 月第 1 版　　印　　次：2024 年 6 月第 1 次印刷
开　　本：787 毫米 × 1092 毫米　1/16　印　　张：14
字　　数：256 千字
定　　价：75.00 元

PRINTED IN CHINA
凡有印装质量问题，本社负责调换。售后QQ号1367565611，电话010-82303590

# 总　序

　　摆在读者面前的，是国家社科基金重大项目"对外汉语教学语法大纲研制和教学参考语法书系（多卷本）"（17ZDA307）的所有成果。这些成果包括大纲系列 4 册、书系系列 26 册、综述系列 8 册，以及选取研究过程中发表的一部分优秀学术论文集辑而成的论文集 1 册，共计 39 本著作，约 700 万字。这个项目的研制，历时 5 年有余，参加的研究人员多达 50 余人，来自国内和海外近 30 所高校。

　　2017 年 11 月，全国哲学社会科学工作办公室正式公布"2017 年度国家社科基金重大项目立项名单"。2018 年 4 月 14 日，国家社科基金重大项目"对外汉语教学语法大纲研制和教学参考语法书系（多卷本）"的开题报告会举行。2019 年 8 月，2017 年度国家社科基金重大项目中期检查评估报告提交，2023 年 1 月召开课题结项鉴定会。

　　根据专家组意见，特别是专家组组长赵金铭教授两次谈话的意见，按照全国哲学社会科学工作办公室立项通知书上的要求，本项研究牢固树立问题意识、创新意识和精品意识，立足学术前沿，体现有限目标，突出研究重点，注重研究方法，符合学术规范。项目的执行情况、所解决的问题和最终成果如下：

　　大纲、书系和综述是主要的研究成果。三类不同的成果面对的读者是不一样的：大纲是给教师教学与科研使用的，同时也顾及学习汉语、研究汉语的一些国际学生；书系主要是给在一线教学的对外汉语教师看的，以解决这些教师在教学过程中的实际问题为目的；综述是对大纲和书系的补充，主要面向对外汉语教师、汉语国际教育专业研究生和本科生，以及需要进一步了解、研究相关领域的群体，为这些人继续研究相关问题提供材料和方法。三种不同的读者群体决定了三类成果的不同写法。

## 1.　大纲研制

大纲研制的最终成果是两套大纲：分级大纲（初级大纲和中级大纲）和分类大纲（书面语大纲和口语大纲），共 4 册。语法大纲不局限于语法知识本身，而是以学习者语言能力的培养为目标。凡是能促进学习者语言能力的语法项目都应析出为大纲的项目。语法项目的编排依据的是语法形式，使用条件式来描述细目的功能。使用条件式有利于促进语法知识转化为语言能力。

分级大纲中语法项目的等级不宜简单理解为语言本身的难度区分，更应理解为习得过程性的内在要求。以促进学习者生成语言能力为目标，支持学习者语言能力生成的语法项目都应列目，项目编排以语法结构为基础，细目的描写以促进语言能力生成为重。大纲体现习得的过程性，总体上为螺旋形呈现。

目前对外汉语教学和科研依据的都是通用语体的语法大纲，至今尚没有分语体的大纲问世，这种状况显然与发展迅速的第二语言教学事业不相适应。书面语语法大纲和口语语法大纲的研制，填补了大纲研究的空白，在今后的教学指导、教材编撰、汉语水平测试等方面，都能发挥很大的作用。

## 2.　书系研发

我们在全国范围内分三批次遴选和推荐了撰稿人，这些撰稿人都有长期从事对外汉语教学的经历，且都是语法专业背景出身。从目前情况看，学术界和教学界都需要这一类书，这套书也具有填补空白的作用。而且，这套书是开放性的，条件成熟了可以再继续做下去，达到 30 本到 50 本的规模，甚至再多一些都是可能的。

书系的研发应以"语法项目"作为书名，不求体系完整，成熟一本撰写一本；专业性不能太强，要考虑到书系的读者需求，他们阅读这本书是为了解决教学上的问题，除了必要的理论阐述和说明之外，要尽量早一点儿切入到教学中去；提出的问题要切合教学实际，60~80 个问题，其实就是这本书的目录，有人来查，很快就能对症下药，找到自己想要的东西；提的问题要有针对性，要有实用性，针对学生的水平等级，围绕这个语法项目，把教学上可能遇到的问题按等级排序。总之，这是一套深入浅出的普及性小册子，一定会受到广大对外汉语教师的欢迎。

## 3.　综述编著

按照标书要求，阶段性成果包括两套综述汇编。编著这两套综述汇编，首先是项目研制的需要，是和大纲研制、书系研发互相支撑、互相配合的；其次是近 20 年的综述汇编，学术界和出版界均尚无相关成果问世，很多研究者迫切需要这方面的资料；最后是这套综述汇编的写法与其他综述成果不同，两套综述不仅仅是"资料汇编"，里面更有很多作者的评议和引导，是"编著"类的"综述"，这类"综述"其实是不多的。这样的写法比目前在做的或者已经出版的"综述"要科学得多，实用得多。

综述分为两套：《近 20 年对外汉语语法教学研究》和《近 20 年汉语作为第二语言语法习得研究》。综述的主要读者应该是研究者，是关心该领域的研究者，作者收集的材料要尽可能齐全，作者所做的分析要有依据，作者做出的解释要能让研究者信服。两套综述都能做到对相关问题做出梳理，述评结合，突出评价的学术性、原创性和实用性，力图使读者对相关论题有一个全面的认识和深刻的思考，并为进一步的研究提供方向。

对上述这些成果的介绍只能点到为止，事实上，具体到每一本著述，都是有必要重点介绍的。好在每套书都另有主编，请读者自行阅读每套书的主编写的"序"吧。我这里还想向读者介绍的是这些著述的作者们，没有他们，这些成果难以问世。

本项课题涉及面广，研究人员多，在最初填写招标书时我们已经意识到了："本项研究工程浩大，……大纲和书系非一校之力可完成，将集中全国不同高校共同承担。"本课题前后参加研究的人员有 50 多人，分布在国内及海外近 30 所高校。如何将这些研究人员组织起来，集思广益，凝神聚力？课题组在"集全国高校之力"上，下了大力气。

原先设想由某个高校具体负责某块项目研究，但该想法在实际操作中遇到了问题。开题报告会后，课题组调整后的组织方式体现出优势来。四个研发小组的组长取代了原来子课题负责人的职位和功能，优势体现在：他们面对的是具体的项目，而不是具体的研究人员；他们针对项目选取研究人员，而不是为已有的研究人员配备研究内容；他们可以从全国高校选择自己相中的研究人员，而不需采取先满足校内再满足校外的程序和方式。人尽其才，物尽其用，效率提高，质量保证，自然是意料之中的结果。例如，书系组的 20 多位作者来自 15 所高校，综述组的作者来自 12 所高校。这是第一个方面。

第二个方面，就是充分利用会议的机会，将会议定位于有目标的会议、有任务的会议，让会议开出成效来。自课题立项之后，围绕着课题的研究进展，课题组已经开过多次会议。一是一年一度的"教学语法学术讨论会"，课题组所有人员都参加，至今已经开过多届：淮北（2017）、扬州（2018）、南宁（2019）、黄山（2020），等等。二是一年多次的课题专项讨论会，有需要就开。如在杭州，就分别开过综述组、数据平台组、书系组的专项讨论会；在南京、上海都开过大纲组的专项讨论会；2020 年 7 月，在腾讯会议上开过两次大纲组的专项讨论会；等等。这些会议目标明确，交流便捷，解决问题能力强，时间跨度短，是联络不同高校研究人员的好方式。

这套书的所有主编和作者都十分尽力。对外汉语教师的工作量很大，大多数人都有每周 10 节以上的课时量；况且，大多数人的手上还有自己的科研项目要做，还有自己指导的研究生的论文要看，还有各自的不同研究论文要写。种种忙碌和辛苦之中，要挤出这么多时间和精力，去从事另外一块研究任务，还是高标准、有要求、无报酬的研究任务，如果没有一种对对外汉语教师这个职业的由衷热爱，没有一种为对外汉语教学事业做点儿贡献的精神支撑，他们是断然不可能接受这样的研究任务的。更何况有些作者接受了两项不同的研究任务，研究强度和研究压力可想而知。因此可以这么说，这些成果渗透着作者们的辛劳，饱含着作者们的心血，每一本都是"呕心之作"，这样的赞誉是得当的。

北京语言大学出版社是这个项目的合作者和推动者。项目立项不久，出版社和课题组就有过接触。出版社前后两任社长和总编辑都向课题组表过态，希望这个课题的所有成果能在北京语言大学出版社出版，出版社愿意为课题的宣传、推广、出版尽责任，做贡献。2020年1月，课题组和出版社有过进一步的密切联系，敲定了详细的合作计划。2022年3月，出版社申报的"对外汉语教学语法丛书"成功入选2022年度国家出版基金资助项目。这些成果的出版，没有出版社的支持是做不到的。

再次感谢在漫长的研究过程中给予我们支持、帮助的所有老师和朋友。

对于这套教学参考语法书系，这里想重点介绍下这套书系的编撰特点和编撰原则。编撰特点可以归纳为以下四点："设计理念要接受多元的语言学理论指导""编撰方针是两种语法分析方法的结合""结构框架要考虑本体研究和教学研究的需要""问题设计要以'碎片化'语法为主"。关于这四点的具体阐述就不再展开了，事实上读者通过这四点已经可以大致了解这套书系的编撰理念了。入选的26本专著选取了不同的语法项目作为书名，面对不同的主题，每本书都会在不同层面、不同角度、不同对象上反映出这套书系的整体面貌和阐述形式，以及结构框架和问题设计，值得一读。

这套教学参考语法书系两个必须遵守的编撰原则是普及性和实践性。普及性原则体现在要做到对读者进行语法知识的普及。语法知识普及要考虑两个方面的问题：一是理论知识的普及，一是语法术语的普及。书系的编写还要遵守实践性的原则，这个原则体现在三个方面：一是面向教学实践，二是面向教师群体，三是面向教学语法。这套书系不以学术高度与理论深度为目标，而以是否能够解决实际问题为标准。出版这样的系列丛书尚属首次，相信普及性原则和实践性原则会使这套书系更接地气，更受欢迎。

教学参考语法书系研发是和汉语教学语法大纲研制平行的、互相支撑的一项研究，书系是以大纲为参照编写的，作为本体研究和教学研究的重要工具书，是对大纲的深化和阐述。书系书目的确定，编写方式的确定，以至于作者队伍的确定，都尽量做到和大纲的研制同质同步。当然，由于书系服务的目标人群和大纲不完全一样，作者会更多地关注语法教学的实效性，对具体问题的一些处理，可能会有与大纲不同的地方，这一点也是需要说明的。

　　谨以此作为总序。

齐沪扬

初稿于 2020 年 7 月

二稿于 2022 年 5 月

三稿于 2022 年 12 月

# 序

我们撰写的这一专辑——句法结构专辑，包括《存现句》《被动句》《"把"字句》和《兼语词组与兼语句》四部著作，是齐沪扬教授总主编的对外汉语教学语法丛书六大专辑之一。

现代汉语中的特殊句式主要包括连动句、"是"字句、"有"字句、存现句、被动句、"把"字句、兼语句等，本专辑涵盖了其中的四种句式。

句式教学一直以来都是对外汉语教学的重点和难点。说它是重点，是因为这些句式在日常交际中的使用频率很高，且贯穿于对外汉语教学的各个阶段；说它是难点，是因为这些句式结构复杂，语义类型多样，语用功能丰富。学生在使用这些句式时出现偏误的概率较高，甚至由于不清楚何时（不）该用这些句式而出现回避使用的现象。虽然学界关于句式教学和习得方面的研究成果不少，但无论是本体层面的研究，还是教学层面的研究，均存在着诸多分歧，同时也存在着本体研究与教学研究"两层皮"的现象。

本专辑的四本书便是在理论分析的基础上，发现各个句式的教学重点和难点，提出解决问题的方法和教学策略，为对外汉语教师提供参考，满足教学的需要。本专辑主要有以下几个特点：

一是定位清晰。本专辑主要是给在一线教学的对外汉语教师看的，是为解决这些教师在教学过程中遇到的实际问题编写的，因此，如何处理好理论语法与教学语法的关系是我们要考虑的头等大事。本专辑的四本书既尊重四种句式的本体研究成果，从前贤们的研究精华中汲取养分，扩大我们的写作视野，圈定我们的写作框架；同时又挣脱了本体研究理论之争的藩篱，以教学实际需要为宗旨，不追求高深，但求易懂、好用。

二是循序渐进。本专辑的四本书整体采用从本体理论到习得偏误再到教学思考的写作思路。以本体理论来开篇，便于在一线教学的对外汉语教师了解该句式的"前世今生"，尤其是对不是汉语言相关专业出身的教师来说，这是一条能够快速掌握该句式本体知识的捷径。熟悉了理论知识，再选择学生句式习得过程中偏误率较高的句子进行分析，教师可以用以解决教学中的实际问题，这部分也是每本书的重点所在。最后回归到教学上，以各类句式的整体特征为依托，从教学思路、教学过程以及教学环节等方面入手，结合学生的习得偏误给出了一些相对有效的教学方法或教学建议。从理论到习得再到教学，步步推进，循序渐进。

三是实用性强。一直以来，不少句式结构的教学并未联系教学实际，出现了很多结构过于复杂的句式，别说留学生不会用，即便是中国人也很少用得上。比如"把"字句中的特殊子句式"他把自己的妈妈恨得要命"、动词为"是"的无主兼语句、被动句中"被"与"把"的纠缠等等。这些子句式在二语教学中不具有典型性，因此在本专辑中这些特殊的复杂句式都被剔除出去了。我们在书中选用的语料和偏误都是最贴近教学实际的，都是学生接触比较多、错误率比较高的句子。

本专辑的四本书既有共性亦有个性。由于每位作者的研究兴趣不同，四本书中也分别渗透了不同作者的研究心得。比如《存现句》中将象似性原则、图形-背景理论、隐喻理论等认知语言学相关理论和汉语作为第二语言教学很好地结合在了一起，为存现句的教学提供了较强的理据性解释。《被动句》依托语言类型学理论，除了针对英语母语者进行偏误分析之外，还针对韩语、日语、越南语、泰语等母语背景学习者进行了语言对比分析和国别化的偏误分析。《"把"字句》则从语体语法的角度出发，区分了口语语体的"把"字句和书面语体的"把"字句，并且从功能角度对陈述性"把"字句和祈使性"把"字句进行了对比分析。《兼语词组与兼语句》认为除了结构形式和语义特征外，应该将时间顺序原则作为确定兼语式内涵与外延的衡量标准，并且认为兼语式应该拆分致使义和使令义两个小类，并将其归入大纲的不同等级中。

存现句、被动句、"把"字句和兼语句这四种句式结构并非汉语研究的"热点"问题，却一直是汉语研究的"经典"问题。也正因为如此，对于这四种句式结构的分析和讨论才会经久不衰。本专辑的四本书之所以值得大家一读，就是因为这四本书都是通过对大量真实偏误语料的考察，总结归纳出了典型的句式特征、偏误类型，以及切实可行的教学策略。本专辑将汉语本体研究与教学实践相结合，既"仰望星空"，又"脚踏大地"，对于专业背景不一的对外汉语教师来说，本专辑的内容是"接地气"的，是可以在教学中随时拿过来使用的。

唐依力

2022 年 5 月

# 目　录

## 第二部分 存现句与相似句式之间及存现句中相似结构之间的辨析 / 85

## 第三部分　存现句偏误辨析 / 123

## 第四部分　存现句教学的相关建议 / 177

# 引　言

　　"对外汉语教学语法大纲研制和教学参考语法书系（多卷本）"（17ZDA307）
为齐沪扬教授主持的 2017 年国家社科基金重大项目，项目研究分为对外汉语教
学语法大纲的研制和以"一点一书"方式呈现的对外汉语教学语法参考系列书系
两部分。"一点一书"指一个语言点对应编写一本教学语法参考书，希望能够对
对外汉语教学语法中的重点和难点提出具有针对性的分析和具体解决方案，本书
即对应其中的一个语言点——存现句。

　　现代汉语中的存现句是一种比较特殊的句式，它在现代汉语中似乎是一种
"非主流"的表达方式，在具体的语用环境中适用于场景描写。存现句和汉语中
常见的"主＋动＋宾"的一般叙述句的结构相同，但是在深层语义和语用方面
则有较大区别。首先，一般叙述句的句首词语比较常见的是施事主语，而存现句
的句首则是处所词语。其次，一般叙述句的动词或动词性成分有动作性倾向，并
且动词是句子的中心部分，而存现句的动词或动词性成分呈现弱动作性和强存现
性，并且动词并不是句子中最重要的部分，因而有些存现句中的动词可以被省
略。因受构式压制，存现句动词的语义出现多样化，动词在存现句中分化出两个
含义：一个是词汇意义，一个是事件意义。此外，一般叙述句句末典型宾语通常
为受事宾语，而存现句句末宾语既可以是施事，也可以是受事或其他成分。

　　存现句主要由 A 段、B 段和 C 段三个部分组成，其中 A 段指句首表处所的
名词性词语，B 段指表存现的动词性词语，C 段指表存现事物的名词性词语。[①]

---

① 张先亮、范晓等（2010）指出存在句A段、B段和C段分别对应于"表处所的名词性词语""表存在
的动词性词语"和"表事物的名词性词语"。由于存在句和隐现句结构一样，本书把存现句的组成
成分也分为A段、B段和C段。

在教学和学习中，存现句 A 段、B 段和 C 段三部分中几乎每一个部分都会出现偏误，如：A 段处所词语常常被误加介词，而"名词 + 方位词"中的"方位词"又常常被遗漏；B 段则有不少学习者出现误代偏误，即用"有"字句替代其他表达方式，并在多次使用中强化这种倾向，使"化石化"现象进一步固化，B 段动词后面的体标记"着""了"容易被遗漏，有时即使没有遗漏，也经常有学习者把存现句中的这些体标记和一般叙述句中的体标记混在一起，即使在形式上能正确输出，在语义和语用方面也常存在隐性偏误；C 段的数量短语或其他修饰性词语也常常被遗漏。学习者容易出现偏误的另外一个方面是隐性误代偏误，即用其他近似表达替代存现句，如用"一个人从远处走过来"替代"远处走过来一个人"，用"许多学生坐在教室里"替代"教室里坐着许多学生"。这类偏误即使在语篇中出现也很难被发现，教师可能仅仅以为学习者喜欢这么说而已，只有通过调查使用频率，并将其与母语者的语言表达相比较，才能发现其中的问题。

偏误产生的原因很复杂，最常见的原因是母语负迁移和目的语规则过度泛化。但是在实际教学中，偏误原因往往呈现多因素现象，即某个偏误往往不是由单一因素引起的，而是多种因素混合导致的结果。现有的偏误分析往往强调单一因素，而相对忽略学习者个人因素。另外我们在进行偏误分析时对于教学中某些教学方法引起的偏误缺乏重视，如教师讲解时喜欢用句式变换的方式进行讲解，经常把存现句变换为一般叙述句，这容易给学习者一种错觉，学习者可能会觉得这两种句子完全等同，从而在使用时出现偏向性选择，由此产生偏误。偏误产生的原因和本体研究也有关联，学界在存现句本体研究方面成果丰硕，但是鉴于存现句的特殊性和复杂性，学界在对存现句的界定、句法分析、语义和语用分析等多个方面存在不同看法，某些方面存在较大分歧，这在一定程度上对教学和学习产生不利影响。

存现句的"非主流"和其偏误高发现象，需要在本体研究、习得研究、教学研究方面做更加深入的探索和挖掘。本书的编写立足于教学，旨在在本体研究的基础上，借鉴相关的习得和教学成果，探讨存现句教学和学习中的重点和难点，解决教学中的实际问题。

## 一、已有研究和存在的问题

根据张先亮、范晓等（2010）的总结，存在句主要有以下几类：第一种是"有无"事物类句子；第二种是"某处存在某物"类句子；第三种是"某物在某处"类句子；第四种是"表出现与消失"类句子；第五种是"某处存在、出现、消失某物"类句子；第六种是"某处存在某物"和"某物存在于某处"类句子；第七种是"某处存在某物""某物在某处""某物在某处 V 着""某物 V 在某处"类句子。其中，第五种观点现在已经被普遍看作存现句的定义。但是在存现句范围的界定、典型性存现句和非典型性存现句在属性特征方面的差异等方面学界还存在分歧。吕叔湘把存在句、隐现句合称为存现句，其主编的《现代汉语八百词》（增订本）明确指出"跟存在句性质相近的是一种表示事物出现或消失的句子，这两种形式和意义都相类似的句子，可以合起来称为存现句"。本书将结合认知语言学中的构式语法理论、原型理论、图形-背景理论、象似性理论、关联理论等来解释存现句的分类和范围界定等方面的问题，并据此说明为什么非典型性存现句容易出现偏误，原型存现句对习得有何影响，以及构式教学法在存现句教学实践中有哪些优势。

存现句句法结构研究也存在分歧，特别是 20 世纪 50 年代进行主宾大讨论时，学界对存现句结构形成了四种主要观点：一为"状—动—主"，二为"状—动—宾"，三为"主—动—主"，四为"主—动—宾"。之所以产生分歧，是因为人们一般认为"典型的主语为施事"，当存现主体为施事时，人们就难免把施事当作主语；典型的状语除了副词、形容词之处，也可以是表示时间或地点的词语，这会让人们把存现句句首处所词语看作状语。把存现主体看作主语，把处所词语看作状语，主要是从语义的角度来划分的；而把处所词语看作主语，把存现主体看作宾语，主要是从语序的角度来划分的。其中第四种观点认为句首处所词语是说话者想要说明的成分，这其实是从语用的角度加以考虑，把处所词语看作了话题。关于存现句句法结构的不同观点，无疑会给教学带来影响，作为教学语法，本书认为第四种观点更加适用于教学。首先"主—动—宾"是现代汉语句子的主要句法结构形式，这种划分法可以减轻学习者的认知负担，避免因发生混淆而增加学习难度；其次"主—动—宾"结构符合"典型的主语是话题"的普遍认知观，即使在句法上有不同看法，但存现句句首是处所词语符合话题的重要标准，即话题的有定性、话题居句首或话题链首位等，从话题结构的角度分析存现句将有助于学习者对该句式的理解和掌握。

在本体研究方面，众多学者从各种角度对具体的存现句句式进行了深入的探讨，随着语言学理论和其他相关理论的不断发展，存现句本体研究还有广阔的研究空间。

存现句在教学语法方面研究成果颇丰，但是对一些细节处，如句首处所词语是否加介词、动词或动词性成分语义的变化、体标记"着"和"了"、宾语修饰语、数量短语修饰宾语时数词"一"的真值问题、量词重叠问题、宾语的有定无定问题等方面的研究涉及不多或未涉及。

存现句习得研究涉及母语为英语、法语、日语、韩语、泰语以及哈萨克语等语言的学习者，偏误类型主要集中于误代、误加、遗漏、错序，已有研究为预测教学重点和难点提供了一定程度上的帮助，但是关于偏误原因的分析过于单一或简单，且较少借助本体、习得、教学、认知方面的一些新的研究成果，这导致偏误原因的解释力度较弱。

存现句教学方面的研究还须深入分析，已有研究存在的问题主要有没有结合习得研究和相关教学研究的最新成果，教学策略和教学方法的针对性不强，机械性的操练多，教学手段较单一，缺乏有意义的教学和有意义的学习。

## 二、编写思路

（一）本书适用对象

近年来，国内的对外汉语教学和面向海外的国际中文教育都获得了蓬勃的发展，众多的专职教师和志愿者教师加入了我们的行列，教师队伍中除了汉语国际教育专业、现代汉语专业背景的教师外，还有其他各类相关专业背景的教师。如何加强现代汉语教学语法的研究、如何把理论语法和教学语法相结合成为亟待解决的问题。本书作为使用"一点一书"的方式编写的教学语法参考书之一，对教学和学习具有较强的针对性和实用性，适合在目的语环境和非目的语环境中从事汉语教学的教师和把汉语作为第二语言的学习者使用。

（二）编写原则

1. 实用性原则

在编写本书时，我们结合长期的教学经验以及对学习者习得过程的调查研究成果，选取学习者高频出现偏误的地方进行分析讲解，并提供相关教学案例和教学建议。本书的编写注重实用性，旨在解决教学中出现的一些较为顽固的问题，比如我们常常看到因为教师的输入量不足导致学习者采用回避策略或简化策略，从而出现隐性偏误。如"V 有"存在句在学习者实际使用中出现的频率并不高，由于学习者学习这类句式需要付出更多的认知努力，所以他们在实际使用时倾向于采用相关策略"回避"或"简化"输出。针对这种情况，本书注重采用情景化教学，使学习者充分接触汉语存现句范畴中的各类成员，控制输入频率，加强低频构式的偏向性输入，降低学习者使用回避策略和简化策略的频率，从而减少偏误的产生。

本书借助构式理论的相关研究成果来分析和探讨存现句，因为构式的本质是基于使用的，构式是形式和意义的配对体，一个构式对应一个形式和一个意义，这对帮助学习者鉴别大量的近似表达有积极作用。本书采用的构式教学法可以培养学习者自己总结构式的能力，并在一定条件下使学习者能够利用构式启动效应（即运用已有的构式推导出新构式）习得新构式，这对培养学习者的自我学习能力十分重要。

2. 针对性原则

因为教学对象的水平差异较大，教学时需要注意针对不同的教学对象确定教学目标。本书运用原型理论的原理区分存现句典型构式和非典型构式，以便于教师在教授低级阶段学习者时选用典型性高的构式，在教授高级阶段学习者时选用典型性低的构式，使每个阶段的学习者都能有相应的学习目标。

另外，存现句偏误中有大量误代偏误，这主要是母语负迁移和目的语规则过度泛化造成的，特别是到高级阶段，目的语规则过度泛化现象更加明显。本书针对这一问题，对比了"是"字存在句和"有"字存在句、"有"字存在句和"V有"存在句等近似表达，并进行分析和讲解。针对句首处所词语中方位词的多义性和复杂性，设计了诸如"'桌子上''窗帘上'和'天上'中的方位词'上'有何不同？"等问题。

通过调查，我们发现不少教师常常对教学中的近义表达采取互译式的讲解，导致学习者分不清其中的细微差异，从而出现因教学方式而产生的偏误，本书中的近义对比辨析将会详细对比存现句中的相似表达形式，找出其中的细微差异，为教学和学习提供帮助。

3. 普及性原则

本书的编写立足于教学，重视理论与教学的结合，研究的范围包括现代汉语存现句的基础理论、习得和教学等方面。基础理论能够使不同学术背景和专业的教师对存现句有一个较为全面的了解，习得研究和教学研究能够向教师普及第二语言习得和对外汉语教学方面的知识，有助于提高教师的理论基础和教学实践能力。

## 三、内容框架

由于本体、近似表达辨析、习得和教学等各方面相互关联、相互影响，缺一不可，因此本书内容分为四个部分，分别为："存现句概说""存现句与相似句式之间及存现句中相似结构之间的辨析""存现句偏误辨析""存现句教学的相关建议"。

第一部分主要介绍存现句的界定、基本分类、句法结构、语法意义、语用结构，以及存现句 A 段、B 段和 C 段中的重要语法点及三段之间的相互关系，对比汉语和英语的存现句，找出其中的异同之处，以使教师在教学时在一定程度上能够预测和解释重点与难点，同时为分析第三部分中的语际偏误和语内偏误的具体原因提供理论支撑和实际例证。

第二部分详细对比存现句和其他近似句式之间的异同，以及存现句范畴中各类相近句式之间的异同，旨在为教师辨析近似表达提供参考，减少学习者因目的语规则过度泛化而产生的误代偏误。

第三部分主要对比存现句中的下位近似句式，并针对学习者的偏误进行分析，综合考虑学习者的个人因素、学习策略和交际策略等界定偏误并分类举例，找出偏误原因，体现"以学生为中心"的教学理念，为第四部分的研究提供依据和帮助。

　　第四部分从使用的角度出发，探讨如何采用构式教学法、任务型教学法、基于内容的教学法等方法和相关的教学策略来教授存现句，展示具体的教学环节，尽量让学习者在有真实交际意图的情况下接触存现句，并实现教师的输入和学习者的输出之间的充分互动。

　　为了方便读者对存现句相关问题进行理解，我们在书中举了大量的例句用以描写和解释一些问题。书中的绝大多数例句为自写，少数例句出自某些文学作品，其中，出自文学作品的例句均标明出处，其他例句在文中一般不标识出处。

　　我们建立了与存现句有关的知识框架体系，具体框架结构及内容见表 0-1：

表 0-1 《存现句》知识框架

| 目录 | 知识框架 |
| --- | --- |
| 存现句概说 | 1. 存现句的定义<br>2. 存现句的分类：存在句和隐现句及其下位分类<br>3. 存现句范围的界定：典型性与非典型性<br>4. 存现句的句法特点、句子结构<br>5. 存现句构式对句中各成分的影响<br>6. 存现结构做句法成分<br>7. 存现句话题结构中的省略现象<br>8. 存现句中各成分的分析<br>9. 无动存在句的特点<br>10. 存现句中的隐喻和转喻<br>11. 汉英存现句的对比 |
| 存现句与相似句式之间及存现句中相似结构之间的辨析 | 1. 存现句与其他句式的对比<br>2. 存现句内近似表达的对比 |
| 存现句偏误辨析 | 偏误分析：确定偏误并对其进行分类，分析偏误产生的具体原因 |
| 存现句教学的相关建议 | 1. 教学策略的使用<br>2. 教学设计 |

　　《存现句》的编排以上述知识内容为基础，通过问答的形式进行系统的表述和分析。

# 第一部分　存现句概说

## 1. 什么是存现句？

关于汉语存现句的界定，目前，一般认为存现句表示"某处存在、出现或消失了某物"，这是从语义的角度进行界定。但是单纯从语义的角度进行界定显然是不够的，这会导致许多具有存在义、出现义或消失义但并非存现句的句子进入存现句范畴。例如：

（1）一本蓝色封皮的书放在桌子上。（存在义）

（2）浑浊的海水涌进了船舱。（出现义）

（3）飞机渐渐地飞离了人们的视野。（消失义）

如果从构式的角度来分析，存现句的界定则要清晰得多。构式理论认为，构式是形式和意义的配对，即一个形式对应一个意义，从形式和意义两个方面共同界定存现句，是一种比较好的方法。下面，我们先总结汉语存现句构式的形式和意义。

存现句构式的形式：$N_{处} + V + N_{物}$。

存现句构式的意义：某处存在、出现或消失了某物。

界定某一个句子是否是存现句，需要这个句子在形式和意义上都符合上述标准，如果只符合其中的一个标准，那这个句子就不属于存现句范畴。从形式和意义两方面对存现句的构式进行界定，也适用于由于语用因素而出现的省略存现句。例如：

（4）【那个座位上】① 有人。（省略处所主语）

（5）【天上飞过来】一架飞机。（省略处所主语和动词性词语）

（6）【仓库里丢了】两台机器。（省略处所主语和动词性词语）

例（4）～（6）因外部语用环境提供了充足的语用条件，句子的某些成分出

---

① 本节例句中"【　】"里的内容省略。

现了省略，但它们仍然是存现句，因为我们可以根据语境补出句子中省略的相关成分。

　　另外，认知语言学的原型理论认为，语言范畴中的成员存在原型成员、中间成员和边缘成员。原型被定义为典型成员、最具代表性的成员或认知上的参照点，原型成员是范畴中最具有代表性的，原型成员拥有最多该范畴中的共同属性。例如：

（7）教室里坐着很多人。（存在句原型成员）

（8）山头上慢慢地升起了一轮明月。（出现句原型成员）

（9）钱包里少了100块钱。（消失句原型成员）

　　范畴中成员所拥有的属性分布不均匀，导致范畴中其他成员或多或少偏离了原型。语言范畴的边界缺乏清晰的界限，存在模糊性，范畴中的差样本拥有较少的和其他成员的共同属性，同时拥有其他相邻范畴的某些属性，这导致其身份存在模糊性。存现句中一些存在归属问题的句子就是存现句范畴中的差样本。例如：

（10）台上唱着寿戏。

（11）他的脸上露出了久违的笑容。

（12）我们团损失了两辆坦克。

　　例（10）既可以理解为省略了主语和介词的非存现句"演员在台上唱着寿戏"，也可以理解为存现句；例（11）中的主语"他的脸上"既可以看作存现句中的处所主语，也可以看作非存现句中的施事主语；例（12）中的主语"我们团"既可以理解为某个机构，也可以理解为某个处所。所以，例（10）～（12）都是存现句范畴中的差样本，也就是同时存在于非存现句范畴和存现句范畴中的边缘样本，这类句子的身份存在一定的模糊性，既属于存现句范畴，也属于非存现句范畴。

　　因此，我们还需要注意的是，存现句范畴中包括各种不同的成员，它们在范畴中地位的重要性有差异，有的是范畴中的原型成员，有的是中间成员，有的是边缘成员，我们也可以分别把它们称为好样本、中间样本和差样本。比如现代汉语中的"V着"存在句就是存现句范畴中的好样本。使用原型理论界定存现句的范畴，可以在最大程度上兼容符合存现句构式形式和意义的存现句。同时，这些具体的存现句在范畴中的地位不同，也可以解释关于存现句界定历来的一些矛盾之处。

存现句的界定不只限于存现句本身的界定，也包括存现句内部各类句子的界定，比如说原型的存在句强化了存在义，弱化了出现义和消失义。例如：

（13）大门上贴着春联。

原型的出现句强化了出现义，弱化了存在义和消失义。例如：

（14）地上长出了翠绿的新芽。

原型的消失句强化了消失义，弱化了出现义和存在义。例如：

（15）屋子里少了两个人。

但是有的句子内部同时包括出现义、存在义和消失义，很难界定其是存在句、出现句还是消失句。例如：

（16）天空中划过一道光亮。

（17）耳旁掠过一阵风声。

例（16）和例（17）均描述了存现主体出现、存在和消失的整个过程，因此既可以看作存在句，也可以看作出现句或消失句，这是因为事物的出现、存在和消失是一个完整的过程，所以存在句、出现句和消失句是相邻的范畴，这些范畴之间存在一定的交叉。例（16）、例（17）之类的句子展示了某处出现、存在并消失了某事物的完整过程，可以同时成为存在句、出现句和消失句三个范畴中的成员，具体的界定需要根据语境进行判断。这类句子中的动词往往是瞬间动词，句中存现主体的存在有瞬时性，而在一般的存在句中，存现主体的存在有一定的时间跨度，即延续性。因此，这类句子属于非典型的存在句。

# 2. 存现句有哪几种类型？

存现句一般用于场景的描述，这类语用上的要求反映在了句法和语义功能方面，因此能够被认作存现句的句子必须符合存现句构式形式和意义方面的要求。

存现句可以分为存在句和隐现句两大类，其中存在句表示某个处所存在着某事物，隐现句表示某个处所出现或消失了某事物。例如：

（1）椅子上有坐垫。——存在句

（2）地上坐着个小孩儿。——存在句

（3）房间里出现了一个奇怪的东西。——隐现句

（4）笼子里跑了一只鸽子。——隐现句

存在句还可以分为以下八个小类：

（一）"有"字存在句

"有"字存在句表示某处存在某物，但是不表示事物存在的具体方式。例如：

（5）房间里有人。

（6）盒子里有铅笔。

（二）"是"字存在句

"是"字存在句表示判断某处存在某物，其中的动词"是"既表示存在，也表示判断。例如：

（7）二号房间是三班的同学。

（8）门框上是一块牌匾。

动词"是"前加周遍性范围副词时，表示存现主体充满或覆盖了所在的处所。例如：

（9）桌子上都是书。

（10）地上满是纸屑。

（11）树上全是虫子。

（12）口袋里全是零食。

（13）仓库里满是各种零件。

（三）"V着"静态存在句

"V着"静态存在句中的动词"V"为静态动词，表示事物存在的方式，体标记"着"表示该存在状态的持续，"V着"存在句是汉语存在句范畴中最常见的典型性成员。例如：

（14）桌子上放着一杯水。

（15）封面上印着书的名字。

（四）"V了"存在句

"V了"存在句表示动作完成后留下的状态，句中动词"V"的动作义被弱

化，存在义被强化。例如：

（16）刀柄上刻了许多花纹。

（17）窗户上贴了漂亮的窗花。

（五）光杆动词存在句

光杆动词存在句中的动词"V"多为单音节动词，后面不接体标记，动词表静态义。这种存在句的自足性较弱，比较依赖语境的支持，一般不单独出现。例如：

（18）书桌上摆一台电脑，旁边放着一杯水。

（19）横梁上斜搭一根木杆，不知道做什么用。

（六）"V有"存在句

"V有"存在句中的动词"V"表示事物存在的方式，"有"起到强化存在义的作用，这类句子带有慎重感或珍视感。例如：

（20）剑柄上镶有一颗蓝色的宝石。

（21）墙壁上刻有一行字。

（七）无动存在句

无动存在句中没有表示事物存在方式的动词，其结构为"存现处所＋存现主体"，这类句子表示静态存在义。例如：

（22）眼前一片光明。

（23）脸上一派喜气洋洋。

当处所词语前有"遍、满、浑"等周遍性词语修饰时，谓语不能用数量短语修饰。例如：

（24）遍地月光。

（25）满脸幸福。

（26）浑身伤疤。

（八）"V着"动态存在句

"V着"动态存在句中的动词"V"为动态动词，表示事物以动态的方式存在，宾语为施事宾语。例如：

（27）水面漂荡着一艘小船。

（28）墙壁上跳动着火光。

隐现句可以分为以下两个小类：

（一）出现句

出现句表示某处出现了某物，常见的形式为"V＋了""V＋趋向补语（＋了）"或"V＋结果补语（＋了）"。例如：

（29）河岸边多了一块警示牌。

（30）房间里跑出来一个人。

（31）名单里换上了另外一个人的名字。

有时表示出现义的动词后面可以不加"了"、趋向补语或结果补语，这类出现句被称为光杆动词出现句。例如：

（32）办公室里出现一种奇怪的现象。

（二）消失句

消失句表示某处消失了某物，常见的形式为"V＋了""V＋趋向补语（＋了）"或"V＋结果补语（＋了）"。例如：

（33）讲台上少了一把椅子。

（34）宿舍里搬出去了三个人。

（35）村子里走掉了不少人。

# 3. 存现句范畴中的原型效应体现在哪些方面？

一直以来，学界对存现句的界定常常存在一些争议。如"台上唱着寿戏""屋里开着会"之类的句子中，动词是动态动词，宾语是受事宾语，因为不能变换为"有"字存在句，其作为存在句的资格受到质疑，甚至被称为"假存在句"。

我们可以用原型理论来解决这个问题。认知语言学认为范畴基于人类思维的认知能力，范畴定位于显著的原型，所谓原型是指范畴中最典型的、最具代表性的成员，它对范畴的形成起到了非常关键的作用。范畴的边界并不是清晰的，而是相对模糊的，相邻的范畴之间存在互相渗透的现象。范畴当中的成员因其典型性不同而存在等级差异，有的是典型性非常高的原型成员（好样本），有的是中间成员（中间样本），有的是典型性较差的成员，也被称作边缘成员（差样本）。原型成员是范畴中最典型的成员，是其他成员的参照点，也是最容易识解和习得的对象，而非原型成员的典型性则没有原型成员高，在识解和习得方面相对较差，并且范畴成员的典型性越差，其识解和习得的效果也越差，这就是所谓的"原型效应"。

下面我们使用原型理论来分析现代汉语中的存现句。

## 一、存现句范畴中的原型效应

存现句范畴中包括存在句和隐现句，从汉语母语者的使用频率和关注度来看，该范畴中典型性较高的是存在句，典型性较低的是隐现句，所以存现句范畴中的原型是存在句。

存在句范畴中最具有典型性的句式是"V 着"存在句，而在"V 着"存在句范畴中，"V 着"静态存在句的典型性更高，所以"V 着"静态存在句是存在句范畴中的原型成员，即好样本。例如：

（1）茶几上放着一个遥控器。——"V"着静态存在句（宾语为受事）

（2）门口放着许多东西。——"V"着静态存在句（宾语为受事）

除了原型成员之外，句首名词为处所词语的"有"字存在句的典型性也比较高。在母语者和第二语言学习者表达存在义的句式中，"有"字存在句的出现频率非常高。

和"V 着"静态存在句相比，"V 了"存在句、"V 着"动态存在句和"是"字存在句的典型性有所降低，可以看作存在句范畴中典型性较高的中间样本；光杆动词存在句、无动存在句和"V 有"存在句可以看作存在句范畴中典型性相对较差的中间样本；而像"台上唱着寿戏""屋里开着会"之类的有动态动词和受事宾语的句子和一些既表示存在也表示领有的句子，则属于接近边缘的成员，可以看作较差的样本；有的句子领有义占优势，存在义微乎其微，则看作差样本。①

---

① 需要注意的是，由于环境因素、文化因素和个体因素的影响，原型成员的确定在不同情况下可能存在差异，如母语者之间、母语者和第二语言学习者之间、第二语言学习者之间都可能存在差异，本书中对范畴成员的典型性级别分类是指在一般情况下的分类。

好样本：

（3）书柜里放着书。——"V 着"静态存在句

（4）书包里有一本书。——"有"字存在句（句首名词表处所）

典型性较高的中间样本：

（5）领口上绣了一些花纹。——"V 了"存在句

（6）操场上跑着一些人。——"V 着"动态存在句（宾语为施事）

（7）左边是我们班的教室。——"是"字存在句

典型性相对较差的中间样本：

（8）门边放一把锄头。——光杆动词存在句

（9）满眼绿意。——无动存在句

（10）桌子中间嵌有一些装饰物。——"V 有"存在句

典型性较差的样本：

（11）收音机里放着音乐。——"V 着"动态存在句（动态动词+受事宾语）

（12）西南联大有很多优秀的教师。——"有"字存在句或领有句（句首名词既可以表示处所，也可以表示机构）

差样本：

（13）我有一台笔记本电脑。——领有句或存在句（句首词语为生命体）

例（13）一般看作领有句，但是如果把句首的"我"识解为"某处"时，也可以看作存在句。例（13）在一般语境中即普遍情况下就可以被识解为领有句，而要被识解为存在句则需要特殊语境的支持。存在句和领有句是相邻的范畴，它们之间存在交叉和模糊地带，在该地带的句子既属于存在句范畴，也属于领有句范畴。当句首词语为生命体且动词为"有"时，句子在领有句范畴中属于典型性较高的样本，因此例（13）可以看作较为典型的领有句。此外，例（13）这样的句子也可以被识解为"某处存在某物体"，但是这种识解需要特殊语境的支持，如说话人表达的真实意思可能是"我的书桌上放了一台笔记本电脑"。例（13）被识解为存在句时，需要特殊的语境和认知努力，所以即使看作存在句，也属于存在句中的差样本。

隐现句范畴中出现句的典型性比消失句的典型性高，因为人们的关注焦点一

般集中在事物的出现上，而对事物的消失则不太关注。

出现句范畴中的"V 了"出现句和光杆动词出现句相比，"V 了"出现句的典型性似乎更高一些。例如：

（14）前面出现了一辆摩托车。

（15）前面出现一辆摩托车。

出现句范畴中"V 过"出现句的典型性最差，句中的动词一般为瞬间动词，这类句子中包含了出现义、存在义和消失义，但从构式的总体意义来说，出现义更加突显，所以可以把这类句子看作非典型的出现句。例如：

（16）眼前掠过一道黑影。

（17）山顶处闪过一道亮光。

"V 过"类句子可以看作非典型的存在句或非典型的出现句，但是这类句子在存在句范畴中的典型性比在出现句范畴中的典型性更差。

除了"V 过"类句子外，出现句范畴和消失句范畴中的各类句式的典型性程度差别没有存在句范畴中的明显。

## 二、存现句句法成分中的原型效应

现代汉语存现句研究中，关于句首处所词语到底是主语还是状语，以及句末的存现主体是主语还是宾语一直存在争议，这主要是因为存现句的处所词语位于句首，即我们通常认为的主语位置，较为典型的汉语句子中，主语一般位于句首的位置，而表示处所的词语则一般被当作状语，但是在存现句中，句首主语的位置被表示处所的词语所占据，所以句中的处所词语既有主语的属性，也有状语的属性。同样的问题也存在于存现主体上，存现主体位于句末宾语的位置，如果存现主体是受事，那它就是典型的宾语，但是有时存现主体是施事，一般来说典型的主语是施事，典型的宾语是受事，此时施事存现主体位于宾语的位置，即存现主体同时具备主语和宾语的某个属性，这时它在句子中担任什么样的句法成分就存在一定的争议。例如：

（18）床上放着一本书。

（19）外边走进来一个人。

例（18）中的"床上"和例（19）中的"外边"有时被认为是主语，有时被认为是状语。例（19）中的"一个人"有时被认为是主语，有时被认为是宾语。出现这样的争议是因为相邻范畴之间的边界不清晰，一些边缘样本既可以被看作属于 A 范畴，也可以被看作属于 B 范畴。因此，在对这些差样本进行分析时，就容易出现这样的分歧。从教学语法的角度来说，本书认为存现句句首的处所词语可以被看作主语，而存现句句末的存现主体可以被看作宾语。但是在存现句中无论是主语还是宾语一般都是典型性较差的边缘成员，因此，我们可以把它们看作非典型的主语和非典型的宾语。

## 三、存现句句首处所词语的原型效应

现代汉语存现句中最典型的句首处所词语是"名词＋方位词"，它是出现频率最高的处所词语，也是存现句句首处所词语的原型。例如：

（20）鼠标上印着商标。

（21）头发上沾着一些灰尘。

方位词可以表达物体存现的位置或者方向，在存现句中可以单独出现，但是其语义自足性较弱，需要语境的支持。方位词可以分为单纯方位词和复合方位词两种，单独出现时较为常见的是双音节复合方位词，如"里边、前面、上头、东部"等，有时也使用多音节复合方位词，如"东南部、西北边"等。与复合方位词相比，单音节的单纯方位词使用频率相对较低，一般出现在书面文学作品中，有时以对举的形式出现，如"上有天堂，下有苏杭"。例如：

（22）这个宾馆装修得富丽堂皇，里面有 300 多个房间。

（23）庭院里栽了一棵树，上面结满了果子。

虽然"名词＋方位词"表示处所较为常见，但是"介词＋名词＋方位词"和"介词＋名词"的出现频率并不算太高。另外，不是所有的"名词＋方位词"或名词前都可以加介词，因此它们的典型性并不太高。"介词＋名词＋方位词"中，介词"在"的出现频率最高，"在"在该结构的介词范畴中的典型性是最高的。例如：

（24）在这片广阔的草原上生活着许多珍稀野生动物。

（25）在这个小山村里生活着这样一类特立独行的人。

存现句中的处所词语有时是代词，如"这里、这儿、那里、那儿"等，但是代词做处所词语需要语境的支持。例如：

（26）这里有无数的宝藏。

（27）那儿从来没有出现过这种奇怪的现象。

有的名词既可以当作处所也可以当作机构或组织，当其进入典型性较高的存现句构式时，其在存现句处所词语范畴中的典型性也较高。例如：

（28）上海师范大学种着很多树。——"V 着"静态存在句

（29）西南联合大学出了很多杰出的人物。——"V 了"出现句

名词做句首处所词语也经常见到，但是在某些存在句如"有"字存在句中，有些名词既可以被看作处所，也可以被看作机构或组织，整个句子既含有存在义，也含有领有义，这类句子中句首的名词如果被理解为机构或组织，其表达处所的典型性就会变弱。例如：

（30）上海师范大学有很多名师。——存在句或领有句

（31）西南联合大学有很多杰出的人物。——存在句或领有句

数量短语代替名词做处所词语或表示遍指的词语做处所词语时，都需要语境的支持，这两种情况的出现频率都不太高，典型性也相对不高。例如：

（32）橱柜里有两个瓶子，一瓶装料酒，一瓶装酱油。

（33）今天是周末，到处都是出来逛街的人。

此外，有一些表示处所的词语出现频率较低，比如用"动词＋名词"表示处所的词语（走过桥、游到对岸）、复合处所词语（卧室书桌上的盒子里、29 栋前面距离 30 栋 2 米左右的地方）等。相比较而言，复合处所词语的典型性比由"动词＋名词"构成的处所词语的典型性更高一些。例如：

（34）走过桥就是我们村了。

（35）卧室书桌上的盒子里装着贷款合同。

存现句中有些表示处所的词语还有隐喻的用法，如"心里、眼中、眉眼间、神色中、动作中、举手投足间、无形中"，这些使用隐喻用法的词语典型性高低不等，有的经常使用，典型性较高，如"心里"，而有的很少使用，如"懦弱中、

欢喜中"。例如：

（36）心里有一些想法。

（37）眉眼间隐藏着一丝庆气。

（38）懦弱中却又带有一股子倔强。

（39）欢喜中又带着一丝忐忑。

另外，由于时间可以被隐喻为空间，因此存现句句首位置出现的表示时间的词语也可以被理解为处所，有时时间词语甚至可以和表示地点的词语一起出现在句首，其出现频率并不算低，可以看作广义定义下的处所词语。[①] 例如：

（40）2003 年发生了一件事关他前途的大事。

（41）从古到今，在我们国家出现过很多杰出的人物。

以下为存现句句首处所词语的典型性等级排列：

好样本："名词＋方位词"。

典型性较高的中间样本：方位词、指示代词、既可以表示处所也可以表示机构或组织且进入典型性较高的存现句构式中的名词、数量短语代替名词做处所词语、表示周遍性的词语做处所词语。

典型性居中的中间样本："介词＋名词＋方位词"、"介词＋名词"、时间词语、复合处所词语、表示机构或组织的名词、高频出现的隐喻处所词语。

典型性较差的样本："动词＋名词"、低频出现的隐喻处所词语。

## 四、存现主体中的原型效应

存现句中的存现主体是信息结构所要表达的焦点部分，也是说话人向听话人要传达的新信息，因此它具有无定性，存现主体的无定性程度往往决定其在范畴中的典型性程度。典型的存现主体一般会被表示无定的数量短语所修饰，并且该数量短语中的数词通常是"一"。有时数量短语中的数词是除了"一"之外的其

---

[①] 词语的使用频率可以看作判断其在范畴中典型性高低的一个参考项，但是它并不是充分必要条件，如存现句句首词语"心里"和表示时间的词语的出现频率并不低，但是并不能据此认定它们在范畴中的典型性属于较高的等级。根据某个词语是否是范畴中其他成员的认知参照点来判断词语在范畴中的典型性等级更加合理一些。

他数词，其典型性稍逊于"一+数词+存现主体"。其他词语也能单独修饰存现主体，但是其典型性低于数量短语。例如：

（42）眼前一片繁荣的景象。

（43）广场来了三个穿着五颜六色的民族服饰的人。

（44）山下是灯火辉煌、人声鼎沸的闹市。

存现主体为专有名词时，受到存现句构式压制，其有定性受到削弱，而无定性则得到增强，但是专有名词因其本身具有有定属性，所以属于非典型的存现主体。根据语境，有时可以在专有名词前面加上数量短语，有时可以不加。例如：

（45）左边守着一个小张，右边守着一个小王。

（46）明朝出了（一个／个）朱元璋。

存现主体为光杆名词时表示集合，没有确切的数量属性，这是一种不太典型的表达方式。有时句子中的其他成分也可以表示存现主体量的属性，一般为周遍性范围副词，位于处所词语前面修饰处所词语，或者位于句中动词的前面做状语。例如：

（47）屋后是农田。

（48）屋里出现了响动。

（49）满腹才华。

（50）满山遍野盛开着鲜花。

（51）房前全挂着灯笼。

（52）满地尽是淤泥。

例（49）和例（50）中的"满"、例（51）中的"全"、例（52）中的"满"和"尽"都是表示周遍性的范围副词，它们直接或间接地指向句末的存现主体，表示存现主体量的属性，间接表示存现主体的无定性。有些非全量的词语也可以间接地指向句末的存现主体，如例（53）中的"一些"和例（54）中的"很多"。

（53）一些地方站着人。

（54）这些房间的很多地方少了装饰物。

存现主体前的定语如果是表数量的词语，一般以数量短语的形式出现，这是一种非常典型的表达方式。但是当数词为"一"时，有时也可以省略数词，只出现量词，这是一种典型性稍差的表达方式。在少数情况下，存现主体的定语只出现数词而省略量词，这是一种典型性较差的表达方式。例如：

（55）门外站着一个人。

（56）门外站着个人。

（57）门外站着一人。

同样，在修饰存现主体的数量短语中，"一＋量词"的典型性最高，"其他数词＋量词"的典型性次之。数量短语大多数情况下是一个数词加一个量词，但是也会出现数量短语重叠或量词重叠这样的非典型用法。例如：

（58）手臂上有一道伤痕。

（59）手臂上有一道一道伤痕。

（60）手臂上有一道道伤痕。

（61）手臂上有道道伤痕。

例（58）中的"一道"是修饰存现主体的数量短语范畴中最典型的用法，而例（59）中的"一道一道"是数量短语重叠，例（60）中的"一道道"和例（61）中的"道道"是量词重叠，都不是典型用法。

存现句中的存现主体大部分为具体的事物，但是有时一些抽象的事物也可以做存现主体，这也是一种非典型的用法。例如：

（62）眼睛里充满了泪水。

（63）眼睛里充满了迷惘。

例（62）中的"泪水"是具体的事物，例（63）中的"迷惘"是抽象的事物，例（63）是一种隐喻的表达，相对于一般的表达方式而言，隐喻表达也属于非典型用法。

以下为存现句中存现主体的典型性等级排列：

好样本："一＋量词＋存现主体"。

较好的样本："其他数词＋量词＋存现主体"。

典型性较高的中间样本："数量短语重叠＋存现主体""量词重叠＋存现主体"。

典型性相对较差的中间样本：光杆名词。

典型性较差的样本：专有名词。

# 4. 存现句的句法特点是什么？

关于存现句句法结构有"状—动—主""状—动—宾""主—动—主""主—动—宾"四种观点，现代汉语的典型句法结构是"主—动—宾"结构。由于学习者倾向于把目的语规则用于相似的表达中，因此，从教学语法的角度来看，把存现句句法结构看作"主—动—宾"结构可以减轻学习者的认知压力，对学习者习得存现句句法结构起正向作用，所以本书认同现代汉语存现句句法结构是"主—动—宾"结构的观点。

存现句句法的"主—动—宾"结构对应构式中"$N_{处}+V+N_{物}$"的形式，也就是说句首处所词语是主语，句末表示存现主体的名词性成分是宾语。这个问题同样可以使用原型理论进行分析。存现句中的主语是表示处所的词语，并不是主语范畴中的典型成员，而是典型性较差的成员，存现句中的宾语也不全是宾语范畴中的典型成员，当宾语为受事时，其典型程度比较高，但是当宾语为施事时，其典型程度则较低，可以看作范畴中的边缘成员。例如：

（1）桌子上放着一个书包。（主语为非典型主语，宾语为典型宾语）

（2）在桌子上放着一个书包。（主语为非典型边缘成员主语，宾语为典型宾语）

（3）桥上走过来一个人。（主语为非典型主语，宾语为非典型边缘成员宾语）

（4）从桥上走过来一个人。（主语为非典型边缘成员主语，宾语为非典型边缘成员宾语）

在一般的句子中，动词的语义是作为核心语义而存在的，动词的语义和其前后成分互相关联，有时动词的语义甚至对动词的前后成分具有选择性，什么样的动词就搭配什么样的名词，配价语法就是根据动词能够和什么样的名词建立关系来确定动词的配价。但是存现句却非常特殊，存现句的整个构式义都是以事物的存在、出现和消失为中心意义，动词的核心义反而被忽略。在存现句中，动词的功能会受到一定的影响，比如有的动词的强动作性在存现句中就会变成弱动作性，句子由动态义转为静态存在义，或动态义削弱，静态存在义增强。例如：

（5）道路边立着一块斑驳的石碑。（动态义转为静态存在义）

（6）石头上刻了几个字。（动态义转为静态存在义）

（7）城楼上飘扬着一面青色的旗帜。（动态义削弱，静态存在义增强）

雷涛（1993）把存在句分为四类，分别为：A＋B＋C式、A＋C式、B＋C式、C式。这四个分类分别对应四个不同的构式，其中A＋C式为无动存在句构式，C式为名词性存在句构式（C为存在主体）。A＋C式和C式中都没有动词，A＋C式的句法结构为主谓结构，如例（8），C式为独词句，如例（9）。

（8）地上一片狼藉。

（9）一块钱。

综上所述，存现句句法特点概括如下：

存现句的句法结构主要为"主—动—宾"结构，除了受事宾语之外，其他的主语、动语、宾语三个句法成分大都是非典型成员。另外，主谓结构和独词句为存现句的非典型句法结构，所以存现句的句法结构体现了较强的非典型性。

# 5. 存现句的句子结构、图形–背景关系和语言象似性有何关联？

存现句的特殊性首先体现在其形式上，它的句子结构是"$N_处＋V＋N_物$"。一般句子中句首词语是名词或代词，而存现句句首的词语是处所词语；一般句子中句末的宾语是受事宾语，而存现句的句末宾语有的是施事宾语，有的是受事宾语。例如：

（1）桥下放着一个鱼篓。（宾语为受事）

（2）桥下站着一个小孩儿。（宾语为施事）

我们从图形–背景理论的角度来分析为什么存现句的显性形式是这样的。图形–背景关系是语言中普遍存在的一种认知关系，图形是需要定位的概念，而背景是为图形提供定位的参照点，即图形依赖背景进行定位。伦纳德·泰尔米（2017）认为背景具有一些特殊的属性，如背景没有定型、边界比较模糊、形体比较大、更加具有恒定性。存现句中的存现处所一般都符合背景的这些属性要求。另外，根据背景优先原则，背景先于图形被感知，因为在人们的认知中，相对于图形而言，背景总是先被注意到的，并且存现句强调的是某处出现、存在或消失了某物，因此存现主体是新信息，在存现句中处所词语在言语形式排列顺序中居于句首就反映了人们的这种认知特点。但是当说话人想要传递的新信息是事物所在的处所时，信息传递的顺序却是旧信息在前，新信息在后，所以在其他句式中可能出现处所词语并不在句首的情况。这并没有违背人们的认知规律，只是背景优先原则让位于新信息最后出现这一认知规律了。另外，背景还具有一旦图形被感知后更加背景化的特点，从我们平时的视觉、听觉和触觉中都可以得到此类经验。因此，更加背景化的背景往往在人们的感知当中更加模糊化，当有足够的上下文或外部语境时，作为背景的处所词语在存现句中往往可以被省略。

存现句中的宾语是图形-背景关系中的图形，它具有封闭性和连续性，形体比较小，有时还会发生位移。图形的感知要落后于背景，但是一旦被人们感知，就会更加突显。因此，存现句中的宾语在感知上具有突显性，是最容易被关注的对象，而句末就是一个突显度非常高的位置。同时因为图形是尚待确定的成分，它对背景有极强的依赖性，而独立性较强且具有已知特征的背景是图形的参照物，因此图形在认知上的出现要晚于背景，所以作为图形的存现句宾语在语言表达中位于句末，无论宾语在语义上是什么样的成分，也要服从背景优先原则。从信息传递的角度来看，宾语是交谈双方关注的新信息，在信息传递链中宾语是最后被传递出来的，同时由于宾语的无定性程度较高，也是最后才能被识别到的部分，所以宾语被放在了句末；句子中的动词在信息链中起到联系处所词语和存现主体的作用，因此被置于句子中间。

我们还可以用语言的象似性理论来解释存现句的结构，常见的象似性有顺序象似性、距离象似性、数量象似性和声音象似性。语言的象似性反映人的认知心理，由于人们首先关注的是背景，且背景为旧信息，因此存现句中作为背景的处所词语首先得到关注，并表现在言语形式中位于句首的位置，而图形则因为在背景之后才被关注，且自身又为新信息，所以位于句末的位置，这体现了语言的顺序象似性。

存现句中的动词为什么在句子的中间位置？根据距离象似性理论，关系近的成员在语言表达中靠近或放在一起，动词和处所词语、存现主体的关系都很紧密，在存现句中起到连接处所词语和存现主体的作用，动词表示存现主体以什么样的方式出现、存在或消失于某处，所以它位于处所词语和存现主体之间。

我们还可以用语言的数量象似性理论来解释为什么存现句的宾语前面经常带有修饰成分。弗里德里希·温格瑞尔、汉斯-尤格·施密特（2009）认为语言表达式越长，所表达的概念信息量就越大。存现句的宾语作为信息焦点受到了谈话双方的重视，为了更清晰地表达这个信息焦点，说话人倾向于使用比较复杂的言语形式来表达存现句的宾语。同时，这样还可以增强宾语的可预测程度，可以让听话人能够更加准确地把握说话人想要传递的信息。一般情况下，处所词语和动词在存现句中的重要性都比不上宾语，并且处所词语有定程度更高，是双方共同了解的信息，不需要进行预测，所以相对于宾语来说，处所词语前较少使用修饰语。存现句中动词的功能常常被弱化或忽视，所以动词前也很少出现修饰语。例如：

（3）我们身边擦过一条船，船头坐了两位服饰齐整的老太，看来是走亲戚去的。

——余秋雨《江南小镇》

（4）鲁迅的朋友中，有一个用脑袋撞击过雷峰塔的人，也是一位女性，吟罢"秋风秋雨愁煞人"，也在西湖边上安身。      ——余秋雨《西湖梦》

（5）仅仅是一刹那，她眼睛里蠢动着一点温柔的回忆。

——张爱玲《金锁记》

（6）耳朵上戴了二寸来长的玻璃翠宝塔坠子，又换上了苹果绿乔琪纱旗袍，高领圈，荷叶边袖子，腰以下是半西式的百褶裙。      ——张爱玲《金锁记》

象似性还体现在存现句的其他方面，比如在某些情况下，存现句中的处所词语和动词都可以省略，但是句末表示存现主体的宾语一般不能省略，这是因为存现句中的存现主体在人们的认知心理中是句中最重要的概念，在语言中必须出现，而句中的其他成分则可以以零形式出现，这从另外一方面体现了语言的数量象似性。例如：

（7）A：鉴定表顶端写着什么？

　　B：（鉴定表顶端写着）每个人的编码。

（8）A：山洞里跑出来了什么？

　　B：（山洞里跑出来了）一只小动物。

（9）A：快看看，办公室里少了什么？

　　B：糟糕，（办公室里少了）一台电脑！

由于存现句中的宾语在人们的认知中是待确认的成分，具有无定性，这样的心理概念反映在言语形式中表现为宾语前的修饰词语往往是数量短语，使用数量短语可以提示宾语的无定性，这也属于数量象似性的另外一个方面。例如：

（10）书里夹着一个书签。

（11）隔壁房间跑过来一个人。

（12）这台机器上少了一个零件。

除此之外，存现句中的宾语还体现了声音象似性，在整个句子中作为重要信息的宾语中心语成分的读音不会被弱化或吞音（词语本身带有轻声除外），在某些特殊语境下，宾语中心语的语音往往得到重读，在音长和音强方面都有所加强，听起来声音又重又长。例如：

（13）门上有炸弹！

（14）车里还有孩子，你小心一点儿。

（15）前方出现敌机。

（16）卷宗里少了一份重要文件。

由此可见，存现句的结构之所以是"$N_{处}+V+N_{物}$"，是因为人们的认知心理概念结构反映在了言语形式上。

# 6. 存现句构式对句中各成分的影响体现在哪些方面？

存现句是一种比较特殊的构式，对于进入该构式的各种成分都有一定的影响，如果使用构式语法来分析的话，这叫作构式压制。所谓构式压制，是指各类词语一旦进入某个构式，其原先具有的功能会或多或少地受到该构式的影响。进入构式的各成分都要顺应构式的需要，做出相应的改变，有的体现在某些功能的增强上，有的体现在某些功能的减弱上，有的体现在某些功能的增加上，有的体现在某些功能的消失上。

下面我们来看一下存现句构式中的各成分在进入存现句后，会受到哪些影响。

## 一、存现句构式对存现句 A 段有定性的压制

存现句 A 段是句子当中位于句首的部分，通常是表示处所的词语。根据信息传递的规律，一般情况下已知的旧信息被放在句子的前面，也就是句首的位置，这些已知的信息必须是有定的。存现句句首的处所词语往往被看作话题，而话题的一大特性就是具有有定性，所以除非是有特殊的语境条件支持，存现句中的 A 段处所词语必须是有定的。有时候即使形式上是无定的，但是从语用环境来说，也是有定的，如我们不能说以下句子：

（1）* 一个桌子上有一个杯子。

（2）* 一条船上坐着三个人。

（3）* 一本书里夹着书签。

（4）* 一双鞋上沾了灰尘。

例（1）～（4）中表处所的成分"一个桌子上""一条船上""一本书里"和"一双鞋上"都是"数量短语＋名词＋方位词"的结构。因为名词前加数量短语具有无定性，所以这些处所词语都是无定的，这导致例（1）～（4）违反了信息传递的一般规律，所以它们是不合格的句子。但在一些特殊语境中，某些存现句中即使句首处所词语前的修饰语是数量短语，句子也可以成立。例如：

（5）一个桌子放一个杯子。

（6）一条船坐三个人。

（7）一本书夹一个书签。

（8）一张桌子坐三个人。

例（5）～（8）中的句子被称为供用句，此类句子的处所词语前的修饰词都是数量短语，但是在具体的语境下，这类句子可以成立。如假设例（5）中的"桌子"都放在一个大厅内，说话人和听话人都能看到或知道这些桌子，此时"桌子"就是有定的。由于供用句具有分配义，允许处所词语前面加数量短语，因此这些被数量短语修饰的处所词语并不具有无定性，相反，它们是有定的。

另外，由于存现句构式表示的是"某处存在、出现或消失了某物"，存现句构式的句首位置需要出现表示处所的词语，而处所词语中最典型的就是"名词+方位词"。认知语言学认为在说到某个范畴时，范畴中最典型的成员在人们的认知中最常被唤起，也就是说，在说到某一范畴时，人们的头脑中往往出现的就是最典型的成员。因此，在我们平时所接触到的存现句中，句首为"名词+方位词"的表达方式最为普遍。由此可见，存现构式的压制还体现在典型性表达上，也就是说，存现句中的典型性表达方式和存现句的构式有密切关系。下列存现句中的处所词语是我们最常见到的：

（9）作业本上写着一行字。

（10）橱柜里装了许多碗。

（11）桌子上一片狼藉。

（12）地平线上出现一片绿色。

（13）房间里丢了不少东西。

## 二、存现句构式对句首处所词语中是否带介词的压制

一般情况下，存现句句首出现的处所词语中不需要带介词，这是由存现句构式决定的，因为存现句中的处所词语都位于句首，从图形-背景理论看，它们都可以作为背景来看待，句首位置已经突出其作为处所的功能，不需要加上介词来进一步强化该功能了。例如：

（14）天安门后面是端门。

（15）黑蓝色的天空中点缀着点点繁星。

## 三、存现句构式对句末宾语无定性的压制

存现句构式中的各类宾语原先的语义功能都受到了削弱。例如：

（16）杯子里盛着水。（宾语为弱受事）

（17）跑道上跑着许多人。（宾语为弱施事）

（18）中国女排出了个郎平。（宾语为弱施事）

（19）笼子里跑出一个小动物。（宾语为弱施事）

例（16）～（19）中的宾语原先的语义功能都有所减弱，成为弱施事或弱受事，相反它们的存在义得到了突显。

存现句句末宾语从信息传递的角度来看是焦点信息，也是新信息，对于听话人来说，应该是无定的。所以存现句宾语前经常使用的修饰语就是数量短语，因为数量短语可以突出其个体性，使其无定化。

那么我们怎么解释存现句宾语可以是专有名词呢？专有名词确实是指向个体的，从其本身来看是有定的，但是一旦进入存现句，受到构式的压制，专有名词就具有了无定性。这里所说的无定性不是指专有名词指向的个体，而是指对于说话人来说，在说话人没有传达信息以前，听话人并不知道宾语位置的词语是什么。也就是说，在存现句中听话人在说话人说话以前并不知道存现主体是什么，听话人知道这个专有名词原先表达的是什么意思，但是他并不知道该专有名词表达的事物是存现句中某处所存在、出现或消失的那个事物。所以从这个角度来说，存现句宾语具有无定性。

这里有一个特殊情况，即"是"字存在句中即使宾语是专有名词，其前面也不能加数量短语。例如：

（20）前面是西站。

（21）门口站着小张。

这是因为"是"字存在句除了表示存在的功能以外，还有表示判断的功能，当其做判断时，只能针对具体的对象，因此作为判断对象的宾语，其前面不能加数量短语，但是这并不影响其无定性。其他存现句的宾语前都可以加数量短语，使其在形式上更加无定化。

存现句中专有名词为句末宾语时，宾语前面加数量短语或量词可以使其类别化，这样更能突出无定性。例如：

（22）中国男篮出了一个姚明，厉害极了。

（23）研发部走了个王方，损失太大了。

存现句构式对句末宾语无定性的限制还体现在宾语修饰语上。在大部分情况下，存现句句末宾语前都带有表示修饰的词语，这是存现句宾语的无定性造成的。由于这里的宾语是信息结构表达的焦点，对于听话人来说具有无定性，因此说话人需要用更多的修饰词语来增加信息量，以使听话者明白说话人想要传达的具体信息。如果宾语为光杆名词，除非有足够的语境条件，否则句子的可接受程度就会有所削弱。例如：

（24）门口站着一个衣着褴褛的人。

　　　? 门口站着人。

（25）树上开了几朵花。

　　　? 树上开了花。

（26）房间里吹进来一股风。

　　　? 房间里吹进来风。

（27）公司里走了很多人。

　　　? 公司里走了人。

下列例句中的情况则有所不同：

（28）满天星星。

（29）一地月光。

（30）左边站第一组，右边站第二组。

（31）小心！前面有车！

在例（28）和例（29）中，处所词语中有表全量的"满"和"一"，这就提示了后面作为图形的存现主体和前面的处所背景完全重合。也就是说，处所词语当中表示全量的词间接提示了存现主体的量，因此，这里的宾语可以是光杆名词。例（30）中两个存在句形成对举，带有祈使语气，说话人传递的信息焦点指向具体的事物，所以宾语也可以是光杆名词。例（31）中的语境提示由于出现了紧急情况，说话人的信息焦点关注在某一具体的事物上，同时较为简单的表达方式更加适用于这类紧急情况，所以在这里也使用了光杆名词。

### 四、存现句构式对动词的压制

存现句构式对动词的影响较大，所有进入存现句的行为动词的动作性都有所削弱，但是动词表示存现方式的功能却得到了突显。

我们先讨论存在句，存在句中的动词可以分为位移动词和非位移动词，非位移动词如"立、趴、跪、坐、站、躺、住"等都是静态动词。这些动词是行为动词，在一般的句子中也可以表示动态。例如：

（32）她一下子坐了上去。（表动态）

（33）他一下子躺了下去。（表动态）

但是在存在句中，这些动词表动态的功能受到了限制，只能表示动作状态的持续，因此在存在句中它们只具有表示静态的功能。例如：

（34）沙发上坐着一个人。（表静态）

（35）沙滩上躺着许多游客。（表静态）

"走、跑、跳、飞"等表示动态的动词，在存在句中仍然保持动态性，这类动词自身有持续义，在存在句中这种表示持续义的功能更是得到了增强，也就是说，存现句构式要求动词具有强持续义，此时，动词表示动态的功能受到削弱，而表示静态的功能则得到强化。例如：

（36）走廊里走着一个人。

（37）空中飞着一只小鸟。

隐现句中的动词分为两类，第一类动词本身具有明显的出现义或消失义，如"少、死、来、出现"等，在进入隐现句后，这类动词后面很多时候会加上动态助词"了"，从而使其具有更加明显的出现义或消失义。例如：

（38）这里出现了从来没有过的和谐气氛。

（39）他们车间少了很多人。

第二类动词本身不具有明显的出现义或消失义，必须进入"动词+趋向补语/结果补语"结构，如"冒出来、涌出来、走进来、跑掉"等，从而使该类动词的出现义或消失义得到增强。例如：

（40）井里涌出来一股浑水。

（41）训练室里跑出去一个人。

通过上面的分析，我们可以看到，存现句各成分在进入存现句构式后都受到了各方面的影响或压制，从而影响了这些成分的某些功能。

# 7. 存现结构可以做哪些句法成分?

存现结构可以分为存在结构和隐现结构。存现结构不同于存现句，存现句作为一个句子可以表达独立的含义，而存现结构则不仅可以构成一个独立的句子，有的还可以成为句子当中的某些句法成分，我们将从以下五个方面来谈。

## 一、存现结构做主语

存现结构有时可以做主语，但是并不常见。例如：

（1）发髻的心子里扎着一小截粉红丝线，反映在金刚钻微红的光焰里。

——张爱玲《金锁记》

（2）窗玻璃上贴蓝色的窗花不好看。

（3）玉石里有杂质不太卖得上价钱。

（4）喇叭里突然传出了刺耳的声音，把大家吓了一跳。

存现结构做主语时，后面可以用指示代词同指。例如：

（5）队伍里失去了一位良师益友，这是我们最大的损失。

（6）盒子里是一串项链，这是大家没有想到的。

## 二、存现结构做谓语

存现结构做谓语的情况也不多见，一般情况下主语和存现结构的处所词语之间是整体与部分的关系。例如：

（7）她眼睛里泛出一点儿温柔的回忆。

（8）看到这种情况，<u>我心里是一阵一阵的酸痛</u>。

（9）他<u>腿上沾满了泥巴</u>，刮光了的脑袋上稀稀疏疏地钻出来些许白发，胸前的皮肤皱成一条一条，汗水在那里起伏着流下来。　　——张爱玲《金锁记》

## 三、存现结构做宾语

存现结构做句子成分时，比较常见的是做动词的宾语。例如：

（10）打仗的时候我们吃的菜都是椰子油烧的，有强烈的肥皂味，起初吃不惯要呕，后来发现<u>肥皂也有一种寒香</u>。　　——张爱玲《谈音乐》

（11）我认为<u>戏里只能有正旦贴旦小旦之分而不应当有"悲旦""风骚泼旦""言论老生"</u>。　　——张爱玲《谈音乐》

（12）七巧"哟"了一声道："快拿剪刀来修一修。我记得<u>这屋里有一把小剪子</u>的。"　　——张爱玲《金锁记》

（13）登上一个坡，猛一抬头，看见<u>不远的山峰上有荒落的土墩一座</u>，我凭直觉确信，这便是阳关了。　　——余秋雨《阳关雪》

（14）这两副楹联表明，<u>在同里镇三元街的这所宁静住宅里，也曾有热血涌动、浩气充溢的年月</u>。　　——余秋雨《江南小镇》

（15）白娘娘做妖做仙都非常容易，麻烦的是，她偏偏看到<u>在天府与地狱之间，还有一块平实的大地，在妖魔和神仙之间，还有一种寻常的动物：人</u>。

　　——余秋雨《西湖梦》

（16）我想，<u>白帝城本来就熔铸着两种声音、两番神貌：李白与刘备，诗情与战火，豪迈与沉郁，对自然美的朝觐与对山河主宰权的争逐</u>。

　　——余秋雨《三峡》

（17）我想<u>抽屉里应该是一套小学各年级的语文教科书</u>。

（18）我记得<u>袋子里放了一支笔</u>的。

（19）他们都清楚地记得<u>这个地方曾经发生过一件离奇的事</u>。

（20）他看到<u>饮料里放冰块儿了</u>。

（21）他瞟了一眼<u>渭城客舍窗外青青的柳色</u>，看了看友人已打点好的行囊，微笑着举起了酒壶。再来一杯吧，阳关之外，就找不到可以这样对饮畅谈的老朋友了。

——余秋雨《阳关雪》

（22）我这才发现<u>会议室里满地纸屑</u>。

（23）我看到<u>屋子里走出来一个人</u>。

（24）他们看到<u>笼子里飞出去一只鸟</u>。

例（10）中的存现结构做动词"发现"的宾语，例（11）中的存现结构做动词"认为"的宾语，例（12）中的存现结构做动词"记得"的宾语，例（13）中的存现结构做动词"看见"的宾语，例（14）中的存现结构做动词"表明"的宾语，例（15）中的存现结构做动词"看到"的宾语，例（16）中的存现结构做动词"想"的宾语，例（17）中的存现结构做动词"想"的宾语，例（18）中的存现结构做动词"记得"的宾语，例（19）中的存现结构做动词"记得"的宾语，例（20）中的存现结构做动词"看到"的宾语，例（21）中的存现结构做动词"瞟"的宾语，例（22）中的存现结构做动词"发现"的宾语，例（23）中的存现结构做动词"看到"的宾语，例（24）中的存现结构做动词"看到"的宾语。存现结构做动词宾语时，很多都是"有"字存在结构，如例（10）～（15）；有时是表示静态存在的"V着"存在结构，如例（16）；有时是表示存在的"是"字存在结构，如例（17）；有时是表示存在的"V了"存在结构，如例（18）；有时是表示经历体的"V过"存在结构，如例（19）；有时是光杆动词存在结构，如例（20）；有时是无动定心谓语存在结构，如例（21）；有时是无动名词谓语存在结构，如例（22）；而例（23）和例（24）则分别是表示出现和消失的隐现结构。

存现结构还可以做介词的宾语。例如：

（25）她对<u>家里突然多出了个人来</u>不太习惯。

（26）现在的女孩子们把<u>在手机上挂小饰品</u>当作一件时髦的事。

（27）唐代女子以<u>额头上贴花钿</u>为美。

## 四、存现结构做定语

存现结构也能做定语，我们先看一下例句：

（28）她摘下<u>叶子上缀满了露水</u>的枝条，看着上面的露水一滴滴地落下。

（29）大家看到<u>背上背着老人</u>的年轻人时，都默默地给他让道。

（30）他看着<u>脸上一片漠然</u>的亲戚们，心里有说不出来的伤心。

（31）她看了一眼<u>满脸天真</u>的孩子，没有说什么。

（32）<u>里面站着许多人</u>的那个亭子，就是最高点。

（33）<u>顶端绣了花纹</u>的门帘特别漂亮。

（34）抽签时，大家都想抽到那个<u>里面装有精美摆件</u>的盒子。

能够做定语的存现结构多数是存在结构，并且处所词语中的名词和存在结构所修饰的词语是整体与部分的关系，其中被修饰的词语是整体，处所词语中的名词是部分，如例（28）中的"叶子"和"枝条"，例（29）中的"背"和"年轻人"，例（30）中的"脸"和"亲戚们"，例（31）中的"脸"和"孩子"，例（32）中的"里面"和"亭子"，例（33）中的"顶端"和"门帘"，例（34）中的"里面"和"盒子"。

## 五、存现结构做补语

（35）当他听到这个消息时，气得<u>满脸通红</u>。

（36）既然不会做就不要做。现在弄得<u>屋子里一片狼藉</u>，自己又不来收拾。

（37）昨天和朋友聚餐，喝了一点儿酒，回家的路上被查酒驾，结果弄得<u>自己履历上有了案底</u>。

（38）他不小心打翻了墨水瓶，弄得<u>衣服上全是墨水</u>。

（39）因为忘了关窗户，结果楼上装修，搞得<u>我屋子里落了一层厚厚的灰</u>。

（40）他兴奋得<u>满眼闪着光</u>，不停地给亲友打电话告知这个好消息。

（41）平时喜欢乱花钱，搞得<u>要用钱的时候兜里没有一分钱</u>。

（42）这场大火使得<u>整个森林似乎都没有了生机</u>。

（43）他投了很多钱去做生意，但是因为不懂经营，投进去的本钱收不回来，使得<u>家里损失了一大笔钱</u>。

存现结构做补语时一般为结果补语，需要进入"V＋得＋补语"结构。某些存现结构在做补语时会受到一定的限制，其中，"是"字存现结构和"有"字存现结构一般不能直接做补语，需要在"是"前加副词"全"或"都"，如例（38），在"有"后一般加表示完成或实现的动态助词"了"，变成"V了"存现结构，如例（37）。存在结构中的"有"前加上否定词时，不需要后接助词"了"，如例（41），但是隐现结构中的"有"前加上否定词时需要后接助词"了"，如例（42）。

# 8. 存现句话题结构中有哪些省略现象？

汉语存现句的结构是"$N_处$＋V＋$N_物$"，这是一种比较典型的话题结构。其中，"$N_处$"是话题，"V＋$N_物$"是述题。话题在话题结构中作为已知成分，常常可以被省略。在图形-背景理论中，话题是说话人和听话人的共同背景，在认知上常常被忽略。存现句的话题结构中也存在省略现象，但是和一般的话题结构相比，并不完全相同。存现句话题结构中的省略分为话题省略或述题省略，下面我们将分别分析这两种情况。

## 一、话题省略

存现句中的常见省略为承前省略，可分为以下两个小类：

（一）话题全部省略

话题全部省略是指话题结构中只有述题，话题的全部或部分内容在前文中出现过，如例（1）～（3），或可以根据上文猜测出话题，如例（4），此时话题在话题结构中被全部省略。

（1）这里正是中华历史的荒原：【荒原上】①如雨的马蹄，如雷的呐喊，如注的热血。 ——余秋雨《阳关雪》

（2）眼下是西北的群山，【群山上】都积着雪，层层叠叠，直伸天际。 ——余秋雨《阳关雪》

（3）黄杨木阑干里面，放着一溜大笸箩子，【笸子里】晾着笋干。 ——张爱玲《金锁记》

---

① 本节例句中"【 】"里是省略的话题。

（4）树愈来愈多，【路上】开始有房舍出现。　　　　　　——余秋雨《阳关雪》

（二）话题部分省略

话题部分省略是指存现句A段处所词语为方位词时，存在部分话题省略。可以分为两种情况：

第一种是当存现句A段处所词语中的名词成分为表事物的名词，并且在上文中只出现了名词，没有出现"名词＋方位词"时，可以省略名词，但是方位词必须出现在话题结构中。例如：

（5）没想到墙壁一震，裂开一条缝，里边似乎还有一个隐藏的洞穴。

——余秋雨《道士塔》

（6）塔呈圆形，状近葫芦，外敷白色。　　　　　　——余秋雨《道士塔》

（7）近旁正有一碑，上刻"阳关古址"四字。　　　　——余秋雨《阳关雪》

例（5）的话题中省略的是"缝"，例（6）的话题中省略的是"塔"，例（7）的话题中省略的是"碑"，它们都是表示事物的名词，并且在上文中单独出现过，后面并没有带方位词，因此这些名词不能单独表示地名。如果存现句话题完全省略，句子就难以成立或可接受程度不高。例如：

（8）？没想到墙壁一震，裂开一条缝，【　　】似乎还有一个隐藏的洞穴。

（9）？塔呈圆形，状近葫芦，【　　】敷白色。

（10）？近旁正有一碑，【　　】刻"阳关古址"四字。

第二种是存现句上文中出现的词语和存现句中的处所词语存在总分关系时，处所词语是方位词。例如：

（11）我们小区的周边都是高档小区，东边是A小区，西边是B小区，南边是C小区，北边是D小区。

（12）街道的两边都布置得非常漂亮，左边是一排排的花坛，右边是金黄的银杏树。

（13）我家的房子是跃层，上边是我们的卧室和书房，下边是老人的卧室和客厅。

（14）这个瓶子内外的颜色搭配得十分漂亮，里面是白色，外面是天青色。

（15）我们四面受敌，前面突然出现一群骑兵，后面也出现了一群追兵。

例（11）中的"我们小区的周边"和后面的"东边""西边""南边""北边"形成总分关系；例（12）中的"街道的两边"和后面的"左边""右边"形成总分关系；例（13）中的"我家的房子"和后面的"上边""下边"形成总分关系；例（14）中的"这个瓶子"和后面的"里面""外面"形成总分关系；例（15）中的"我们四面"和后面的"前面""后面"形成总分关系。第二种情况中，存现句上文中出现的和存现句处所词语存在总分关系的名词或名词性成分既可以是处所名词，如例（11）～（12）中的"我们小区""街道"，也可以是事物名词或代词，如例（13）～（15）中的"我家的房子""这个瓶子""我们"。前文中可能会有方位词，如例（11）中的"周边"、例（12）中的"两边"、例（14）中的"内外"、例（15）中的"四面"，也可能没有方位词，如例（13）。第二种情况中，存现句中的话题即方位词不能省略，省略后，句子不能成立。例如：

（16）＊我们小区的周边都是高档小区，【　】是A小区，【　】是B小区，【　】是C小区，【　】是D小区。

（17）＊街道的两边都布置得非常漂亮，【　】是一排排的花坛，【　】是金黄的银杏树。

（18）＊我家的房子是跃层，【　】是我们的卧室和书房，【　】是老人的卧室和客厅。

（19）＊这个瓶子内外的颜色搭配得十分漂亮，【　】是白色，【　】是天青色。

（20）＊我们四面受敌，【　】突然出现一群骑兵，【　】也出现了一群追兵。

因此，当存现句中处所词语是方位词时，有时实际上是一种话题省略现象，这种省略需要上文语境的预设，被省略的部分是上文中出现的某个名词或名词性词语，它们可能是处所名词，也可能是事物名词。

另外，一般话题结构中经常出现始发句话题省略现象，而存现句话题结构中书面用语一般没有始发句话题省略，但在口语中由于外部语境因素，可能会出现始发句话题省略现象。例如：

（21）【那边】有人。

（22）【屋里】出来一个人。

## 二、述题省略

存现句述题是话题结构中的新信息，一般情况下不会被省略，但是有时在某些语境条件下，述题也可能出现全部省略或部分省略。

（一）述题全部省略

当话题后面出现"呢、嘛"等语气助词时，述题可以全部省略。例如：

（23）楼上住着老张一家，所以楼下嘛……

（24）左边修围墙，右边呢？

例（23）和例（24）中的述题都可以根据语境因素省略，例（23）中省略的述题可能是某种不言自明的情况，也可能是某种难以提及的情况，例（24）中省略的述题是承前省略，省略的部分可以补出来。例（23）中的"嘛"是话题标记，例（24）中的"呢"则既是话题标记，也是句末语气词。

（二）述题部分省略

述题部分省略可以分为两种情况：

第一种是 A+C 式存现句，句中只有 A 段和 C 段，缺少用来表示存现主体存现方式的 B 段，即缺少句子中的动词或动词性成分。A+C 式存现句有两个下类：

一是定心谓语句（谓语为定心存现结构）。例如：

（25）窗前一片月光。

（26）家里（有）一个拼命三郎，外面（有）一群"黑旋风李逵"，这日子快没法过了。

（27）家里（出了）一个拼命三郎，外面（跑来）一群"黑旋风李逵"，这日子快没法过了。

二是单名谓语句（谓语为定心结构的存现句）。例如：

（28）微风吹过，一时之间，满室清香。

（29）一见到大家来，顿时满面（都是）笑容。

（30）一见到大家来，顿时满面（挤出）笑容。

第二种是 C 式存现句，即单段无主存现句。

这种存现句缺少 A 段话题和用来表示存现主体存现方式的 B 段动词或动词性成分，一般出现在相关的语境中，在缺乏语境的情况下，不能判断单独的 C 段是否是存现句。例如：

（31）蓝天、白云、清新的空气、优美的环境，【这里真是一个宜居的城市】。

（32）滴滴答答的钟声，【屋里更安静了】。

# 9. 存现句句首处所词语有哪几种表现方式?

存现句中的处所词语是句子的重要组成成分。处所词语所表达的处所在图形-背景关系中是作为背景身份存在的，存现句中的处所可以是有界的，也可以是无界的。存现主体是图形-背景关系中的焦点，即图形。有时候句首处所词语也可能被省略，即没有明显的语言表达形式，但这并不是说存现句中的处所词语可有可无。背景和图形是相辅相成的关系，缺一不可。句子中的处所词语没有出现是因为语境预设为其提供了省略的条件。在认知语言学中，背景倾向于被认为是无结构、无形状的，这种看法来源于认知体验，而从存现句处所词语的实际表达中，我们可以看到句子中的背景可能是有界的，也可能是无界的，判断其是否有界需要借助处所词语中的介词、处所词和方位词来进行综合判断。比如，"桌子上"是有界的，其界限就是桌面的轮廓线，"思想上"则是无界的，因为我们无法判断其外延轮廓，而且背景有可能不断延伸。

存现句句首处所词语主要有以下九种。

## 一、名词+方位词

汉语中的方位词可分为单纯方位词和复合方位词。常用的单纯方位词有"上、下、里、中、内、外、前、后、东、西、南、北"等，常用的复合方位词有"上面、下面、上边、下边、里面、外面、里边、外边、前面、后面、前边、后边、左边、右边、旁边、东边、西边、南边、北边、东面、西面、南面、北面"等。在汉语存现句句首处所词语中，"名词+上"和"名词+里"较为常见。"名词+方位词"中，名词可作为方位词的参照点，方位词则有定位的功能，两者相辅对具体的位置加以确定。例如：

（1）教室里有几个学生。

（2）树下站着几个人。

（3）碗里装着一些菜。

（4）空气中弥漫着一阵清香。

（5）树下传来一阵响动。

（6）悬崖上站着两个人。

（7）悬崖上刻着几个斗大的字。

例（1）中的"教室里"表示教室的内部空间，是有界的，而且边界清晰。例（2）中的"树下"指树冠之下的地面，也可以看作有界的，但是和例（1）不同，它的边界相对模糊，没有清晰的轮廓。例（3）中的"碗里"把"碗"当作一个容器，其边界一般是以碗的内部表面和上部水平面来界定的，因而也是有界的。例（4）中的"空气中"则无法确定轮廓和范围，是无界的。例（5）中的"树下"也是有界空间，但其边界没有清晰的轮廓。由此可见，有界和无界之间并不是界限分明的，存在一定的模糊性。另外，例（6）中的"悬崖上"指悬崖的上部平面，是有界的；例（7）中的"悬崖上"指悬崖的某一侧面，也是有界的。

除了有界与无界的属性区别以外，上面的处所词语在空间域方面也存在不同，有时即使是使用了相同的方位词，但表示的空间不同，位置也有所不同。如例（2）和例（5）中的"树下"，例（6）和例（7）中的"悬崖上"。

由此可以看出，"名词+方位词"具有丰富的表意功能，在分析这个结构在认知域中是否有界、边界是否有清晰的轮廓、在空间域中的位置时，需要结合句子进行综合分析。

存现句中的处所词语可能会以"名词+方位词"的形式多次出现，它们之间具有相关性。例如：

（8）草丛里、树背后、小河沟里、灌木丛中都出现了战士们的身影。

（9）窗台下边、茶几左边放着一个小木箱。

（10）学校左边侧门前岗亭里有今天值班的保安人员。

例（8）中的"草<u>丛</u>里、树背后、小河沟里、灌木丛中"四个处所词语地位相同，具有并列关系，而且它们所表示的处所之间的距离相对较近，各处所名词分指不同的处所，体现为多个背景的共现，动词前常常出现"都、全都、皆"等表全量的词语。例（9）中的"窗台下边"与"茶几左边"是相互协作的关系，这种相互协作的关系是指使用两个或两个以上的处所词语确定位置，是使用多个处所词语相互协同确定位置的方法。这也是一种并列型处所词语，它们协同共指一处处所。例（10）中的"学校左边侧门前岗亭里"使用了多个处所词语，第一个处所词语先确定较大的范围，然后再逐层缩小范围，最后到最小的范围，以一种从大到小、从模糊到清晰的方式来确定位置。在口语中，例（8）、例（9）中各处所词语之间有明显的停顿，但是例（10）中各处所词语之间没有明显的停顿。

## 二、方位词

方位词可以单独充当存现句中的处所词语，其中单纯方位词常成对使用，两个方位词的语义或相对或相反，而且语句精练短小，对仗较为工整，常见于俗语中。例如：

（11）上有老下有小。

（12）上有天堂，下有苏杭。

（13）前有狼，后有虎。

方位词单独出现，其有界性需要借助前面语篇中相关内容的参照点才能确定，有时需要借助同一言语社团成员之间的共同语用预设，即百科知识来确定，如例（11）～（13）。

除此之外，单纯方位词也可以单独使用，不以对举的形式出现。例如：

（14）面前是一张老式的中式红木桌，上有文房四宝。

（15）庄严肃穆的法院大楼，前设一岗亭。

（16）中国是一个幅员辽阔的国家，东临太平洋，拥有漫长的海岸线。

（17）柜子里有一个保险箱，内藏重要证件和一些珍贵首饰。

　　单纯方位词做句首处所词语成对使用时一般出现在"有"字存在句中，单独使用时一般出现在"有"字存在句和不带"着、了"等词语的光杆动词存在句中。

　　存现句中的复合方位词一般都可以单独出现，如例（18）～（20），也可以成对出现，如例（21）～（24）。

（18）没想到墙壁一震，裂开一条缝，里边似乎还有一个隐藏的洞穴。

——余秋雨《道士塔》

（19）应该看到，这过去的现实虽然充满魅力，可它已经蒙上了一层虚幻的色彩，那里面塞满了个人想象和个人理解。　　　　——余华《活着》

（20）梳妆台上红绿丝网络着银粉缸，银漱盂，银花瓶，里面满满盛着喜果。帐檐上垂下五彩攒金绕绒花球，花盆，如意粽子，下面滴溜溜坠着指头大的琉璃珠和尺来长的桃红穗子。　　　　——张爱玲《金锁记》

（21）左边种一株海棠树，右边种一丛芭蕉叶。

（22）前面围了一圈篱笆，后面建了一堵矮墙。

（23）外面种了一排树，里面种了许多花。

（24）东边是商业楼，西边是住宅楼。

　　复合方位词做句首处所词语时，出现环境一般不受限制，既可以出现在存在句中，也可以出现在隐现句中，其出现频率比单纯方位词更高。复合方位词的有界性也需要依靠前面语篇的信息提供参照点加以确定。

## 三、名词

能够表示处所的名词可以放在存现句句首的位置。例如：

（25）房间挤满了人。

（26）体育馆放着排球。

（27）宿舍楼亮起了灯。

（28）窗台长满了青苔。

有的处所名词具有多义性，除处所外还可以表示星球、大洲、国家、省、市、机构、组织等。因为这类词语没有后接方位词，有时难以分清带有这类词语的句子属于"有"字领有句还是"有"字存在句。例如：

（29）中国有大熊猫。

（30）浙江省杭州市有一个著名的湖，名叫西湖。

（31）北京有很多文化古迹。

（32）这座图书馆有很多珍贵的古籍。

其他名词做处所词语时也存在同样的现象。例如：

（33）这座建筑有一点儿问题。

（34）这台电视机有一点儿瑕疵。

（35）这个计划有一个漏洞。

这和"有"字句中动词"有"的多义性有关，"有"既有存在义，也有领属义。

名词用作存现句处所词语时，既可以是单个名词，也可以是多个名词。例如：

（36）沙发、书桌、椅子、柜子、地板都留有被破坏的痕迹。

（37）四川省、云南省、贵州省都有这种植物。

（38）东边、南边、北边都出现了敌人。

例（36）～（38）中，处所名词之间具有相关性，属于同一个语义场，是并列关系，动词前经常带副词"都、全都、皆"等。

多个名词做处所词语时，有时会由大到小地排列，当名词之间出现明显停顿时，多带有强调或惊叹的语气，如例（39），有时各处所名词之间没有明显的停顿，如例（40）。

（39）中国，黑龙江，漠河出现了东北虎的身影！

（40）故宫珍宝馆藏有很多珍贵的文物。

## 四、介词+名词+方位词

存现句处所词语有时是"介词+名词+方位词"的形式，这种用法在使用中有不少限制，比"名词+方位词"的使用率要低很多。存现句中有明显的图形-

背景关系，在强式图形-背景关系中，背景往往先于图形出现，这符合背景优先原则。"名词+方位词"位于句首位置，本来就有强调作用，很多时候不需要加介词来强化。而一般叙述句中"名词+方位词"表示处所的成分往往位于句中，需要添加介词以加强定位。例如：

（41）我们明天在学校前边的那个餐厅聚餐。

（42）我在咖啡厅前面的树下等你。

但是，有时"名词+方位词"即使位于句首，也可能因为图形-背景关系没有得到突显而需要加上介词。例如：

（43）在我们心里，你永远都是我们的老师。

（44）从山顶上可以看到全城的景色。

处所词语前有表示强调的副词或连词时，必须在"名词+方位词"前面加介词。例如：

（45）就在这座大山里，住着很多贫穷的村民。

（46）就在这个图书馆里，藏有很多孤本。

（47）就在这座伟大的城市中，出现了很多可歌可泣的事迹。

（48）但在这些资料中，并没有相关的数据。

（49）门上贴着钟馗的画像，并且在门框一侧挂着一束菖蒲。

（50）在实体店里没有太多优惠，而在网店里则有很大的折扣。

一些具有唯一性的名词后接方位词时，其前面的介词可加可不加，如"（在）世界上"，但在这些名词前加上数量短语或数量短语及其他修饰成分时，其唯一性受到削弱，此时加上介词"在"带有强调的意味，可使其区别于其他成员。例如：

（51）在这个孤独的世界里，还是存在着一些让人心动的温情。

"介词+名词+方位词"可以连续多次出现，表示强调。例如：

（52）在教室里，在图书馆里，在操场上，都聚集着许多人。

## 五、介词+名词

"介词+名词"做句首处所词语时有比较严格的限制，当名词是表示处所的词语时，可以只在前面加介词，不在后面加方位词。例如：

（53）在云南省，有很多著名的景点。

（54）在地铁站 A 出口，站着许多安检人员。

（55）在上海外滩，建有不少富有异国情调的建筑。

（56）在中国，出现了一个新兴的行业。

表示一般事物的名词如果后面不加方位词，不能使用"介词＋名词"的形式表示处所。例如：

（57）＊在花盆【　　】①种着一株月季花。

（58）＊在《三国演义》【　　】有很多关于战争的描写。

（59）＊从书包【　　】拿出一本书。

（60）＊从井【　　】冒出一股清澈的水流。

由此可以看出，方位词和处所名词结合后能够定位，但是介词单独和非处所名词结合则不能起到定位的作用。因此，在"介词＋非处所名词＋方位词"结构中，方位词在定位方面起主导作用，介词只是辅助方位词进行定位。

## 六、指示代词

汉语存现句中指代处所或方位的指示代词可以出现在句首位置。例如：

（61）这里有一个贫穷且不为人知的小山村。

（62）这里孕育着生命。

（63）这儿长满了草，说明附近有水源。

（64）那边又来了一群人。

指示代词前也可以加上介词，但是其后却不能加方位词。例如：

（65）在这里曾经发生过一件离奇的事情。

（66）快看！从那儿冒出来一股烟。

（67）从那边走过来一个人。

有时多个指示代词同时出现在句首，指多个不同的处所都存在、出现或消失

---

① 本节例句中"【　　】"表示省略方位词。

了某类事物，这类存现句的动词前一般会加表示全指的"都"，且说话者一边说话一边做出相应的手势（形成外部语境）。例如：

（68）这里、那里、这边、那边，都摆满了鲜花。

（69）这里、那里都长出了向日葵。

（70）这边、那边都是人。

（71）这里、那里都藏着东西。

不同的指示代词可以同时出现在多个相连的存现句中，有时可能有比较的意味。例如：

（72）这边才走了一个李经理，那边又来了一个王经理。

（73）这里摆着床，那里摆着桌子。

相同的指示代词也可以连续出现在多个存现句中，但是它们指代的是不同的地方。例如：

（74）这里坐着小王，这里坐着小李，这里坐着小张。

例（74）中的三个"这里"分指三个不同的地方。

和其他处所词语不同的是，指示代词表示处所时，必须有相关的内部语境或外部语境。例如：

（75）香格里拉位于云南省迪庆藏族自治州，这里有非常优美的自然风光。（内部语境）

（76）中国的西部地区地广人稀，那里生活着很多少数民族。（内部语境）

（77）那边有一条公路。（外部语境）

（78）这里有一个记号。（外部语境）

## 七、动词+名词

"动词+名词"表示处所的情况并不太多，并且关于该结构的界定也有不同的观点，有的学者认为这种结构是介宾结构，有的学者认为是动宾结构。我们认为除了存现句句首位置之外，"靠、沿、顺、临、绕"等词语带宾语时大都不宜看作介词，它们在动词范畴中的典型性远高于在介词范畴中的典型性，因此本文将之看作动词。另外，这类词语前有时也可以加上其他的介词。例如：

（79）在离镇中心稍远处，还有稍大一点的桥，建造也比较考究，如思本桥、富观桥、普安桥等，是小镇的远近门户。　　　　　——余秋雨《江南小镇》

存现句中，"动词＋名词"做处所词语时常常可以后接"的地方"，而介词短语所表示的处所词语则不能后接"的地方"。例如：

（80）a. 靠窗（的地方）摆着一个小小的卧榻。

　　　b. *在窗边的地方摆着一个小小的卧榻。

（81）a. 沿着堤坝（的地方）又围了一圈围墙。

　　　b. *在堤坝的地方又围了一圈围墙。

（82）a. 顺着墙边（的地方）挂了一排小钩子。

　　　b. *在墙边的地方挂了一排小钩子。

（83）a. 临街（的地方）搭了不少雨棚。

　　　b. *在街边的地方搭了不少雨棚。

（84）a. 离小区不远（的地方）开过来两辆车。

　　　b. *从小区不远的地方开过来两辆车。

除了"的地方"外，有时"动词＋名词"结构还可以后接"的方向"表示方位，而介词短语做处所词语则不能后接"的方向"。例如：

（85）a. 对着学校大门（的方向）是一条繁华的商业街。

　　　b. *在学校大门的方向是一条繁华的商业街。

（86）a. 靠东边（的方向）放着一把椅子。

　　　b. *在东边的方向放着一把椅子。

## 八、数量短语

数量短语有时可以代替名词短语做处所词语，但是一般需要语境支持，且多为上下文语境。例如：

（87）两个杯子上都写着字，一个写着汉字，一个写着阿拉伯数字。

（88）前面隐隐约约有两个人，他们的头上都戴着什么东西，一个似乎戴着一顶灰色的帽子，一个似乎戴着一个头盔。

### 九、表示遍指的词语

表示遍指的词语如"处处、到处"也可以做处所词语，但是一般也需要语境的支持。例如：

（89）处处都洋溢着异国风情。

（90）到处都是逃难的人群。

# 10. 存现句处所词语中介词的使用有什么特点?

存现句句首处所词语中有时可以加介词，有时不能加介词，有时介词可加可不加。下面将分别介绍存在句及隐现句句首处所词语中介词的使用情况。

### 一、存在句处所词语中介词的使用特点

（一）处所词语前出现连词"并"或"并且"时，必须加介词。例如：

（1）春节到了，很多人家的大门上贴了年画，并且在门框上还贴了对联。

（2）窗台上摆着好几盆花，并且在花上还罩着一个罩子。

（二）处所词语前有表示强调的副词时，必须加介词。例如：

（3）就在这片保护区里，生活着好几头大熊猫。

（4）就在这个房间里，放着博物馆里最珍贵的文物。

（三）处所词语和后面的成分之间有比较明显的停顿时，必须加介词。例如：

（5）在我的故乡，有许多美丽的传说。

（6）在那一片荒瘠的土地上，终于长出了庄稼。

（四）当句首出现并列处所词语时，介词可以出现也可以不出现，可以只出现在第一个名词前面，也可以出现在每一个名词前面。例如：

（7）沙发上、藤椅上、小椅子上，都放满了玩具。

（8）在沙发上、藤椅上、小椅子上都放满了玩具。

（9）在沙发上，在藤椅上，在小椅子上，都放满了玩具。

但是如果第一个名词前面没有加介词，那么后边的名词前面都不能加介词。例如：

（10）* 沙发上，藤椅上，在小椅子上，都放满了玩具。

（11）* 沙发上，在藤椅上，小椅子上，都放满了玩具。

（12）* 教室里，在操场上，体育馆里都有学生。

（五）当处所词语中含有某些表示机构或组织的词语时，这些词语的前面加介词可以帮助界定句子是存在句还是领有句。例如：

（13）中国有许多名胜古迹。

（14）在中国有许多名胜古迹。

（15）浙江大学有很多学生。

（16）在浙江大学有很多学生。

（六）少数表示处所的词语单独使用时不加介词，如果加介词则有强调的意味。例如：

（17）a. 世界上有很多你想象不到的事情。

　　　b. 在世界上有很多你想象不到的事情。

但是如果这些词语前面有修饰语，就需要加介词。例如：

（18）在这个奇妙的世界上，有许多你想象不到的事情。

（七）单音节方位词做处所词语时，前面不能加介词。例如：

（19）a. 前有狼，后有虎。

　　　b. * 在前有狼，在后有虎。

（20）a. 故宫御花园中有一座石山，上有一个亭子。

　　　b. * 故宫御花园中有一座石山，在上有一个亭子。

（21）a. 左青龙，右白虎。

　　　b. * 在左青龙，在右白虎。

（22）a. 那棵树十分茂盛，下有一个石台，看起来十分光滑。

　　　b. * 那棵树十分茂盛，在下有一个石台，看起来十分光滑。

复合方位词前介词可加可不加。例如：

（23）a. 前面有一个服务站。

　　　　b. 在前面有一个服务站。

（24）a. 后面有一栋很高的楼。

　　　　b. 在后面有一栋很高的楼。

（八）事物名词位于句首表示处所时，前面不能加介词。例如：

（25）a. 鞋子满是灰尘，还是拿去洗了吧？

　　　　b. *在鞋子满是灰尘，还是拿去洗了吧？

（九）数量短语代替名词表示处所时，前面不能加介词。例如：

（26）a. 这里有两张桌子，一张放着一个杯子，一张放着一个台灯。

　　　　b. *这里有两张桌子，在一张放着一个杯子，在一张放着一个台灯。

（十）"动词＋名词" 做处所词语时，前面不能加介词。例如：

（27）a. 靠南边有阳光。

　　　　b. *在靠南边有阳光。

（28）a. 过了这座桥，就是我的家乡。

　　　　b. *在过了这座桥，就是我的家乡。

（十一）表示遍指的词语指代处所时，前面不能加介词。例如：

（29）a. 处处是花香。

　　　　b. *在处处是花香。

（30）a. 到处乱扔着衣服。

　　　　b. *在到处乱扔着衣服。

## 二、隐现句处所词语中介词的使用特点

（一）表示强调时必须加介词。例如：

（31）a. 同一个地方又出了同样的事故。

　　　　b. 就在同一个地方，又出了同样的事故。

（二）处所词语表示位移的终点时，不能加介词。例如：

（32）a. 这家医院来了两个特殊的病人。

　　　　b. *在这家医院来了两个特殊的病人。

（33）a. 办公室里进来了两个人。

　　b. * 在办公室里进来了两个人。

（三）处所词语表示事物位于路径中的某一点时一般不能加介词。例如：

（34）a. 眼前闪过一道光亮。

　　　b. * 在眼前闪过一道光亮。

（35）a. 天空中飞过一架飞机。

　　　b. * 在天空中飞过一架飞机。

# 11. 存现句中的动态助词"着"和"了"有什么样的功能？

　　首先，我们来讨论一下存在句，存在句中最典型的句子是"V 着"存在句。例如：

（1）左边衣柜里挂着冬季的大衣。

（2）阳台上安装着晾衣架。

（3）天空中盘旋着一群海鸥。

（4）高楼大厦间闪动着一束束彩光。

　　例（1）和例（2）中动词后的动态助词"着"表示动作结束后持续的状态。虽然句中的动词"挂"和"安装"都可以表示活动性的动作，但是在进入像例（1）和例（2）这样的静态"V 着"存在句后，动词表示的动态义就消失了，或者说动态动作就已经完成了，所以这里的"着"并不表示动作正在进行，而是突显状态的持续存在。例（3）和例（4）属于动态存在句，句中的动词存在动态性，也被称为活动性动词，例（3）和例（4）中的动词表示的动作并没有结束，而是一直在进行，因此，这类动词后面的"着"具有两个功能：一是表示动作正在进行；二是表示因动作正在进行而显示出来的状态的持续存在。这两个功能的地位并不一样，"V 着"动态存在句中表示动作状态持续存在的功能得到了突显，而表示动作正在进行的功能受到了削弱。

　　我们再来看一下"V 了"存在句中的动态助词"了"。例如：

（5）故宫的栏杆上雕刻了许多龙形花纹。

（6）窗台上放了一盆茉莉花。

例（5）和例（6）中的动态助词"了"表示动作完成后保留的状态的持续，"了"在这里也有两个功能：一是表示动作的完成；二是表示动作完成后留下来的状态的持续。这两个功能之间有一定的因果联系，具体表现为因动作完成而留下状态并持续该状态，两个功能之间的地位并不相等，第二个功能强调动作结束后留下的状态的持续，这个功能在句中得到了更多的突显。因此，这里的动态助词"了"的主要功能和前面分析过的静态存在句中的"着"的功能有相似之处，"V着"静态存在句中的动词都能进入"V了"存在句，但是"V着"动态存在句中的动词不能进入"V了"存在句。例如：

（7）a. 笼子里关着一匹狼。

　　　b. 笼子里关了一匹狼。

（8）a. 这间房子里住着一个人。

　　　b. 这间房子里住了一个人。

（9）a. 天空中盘旋着一群海鸥。

　　　b. *天空中盘旋了一群海鸥。

（10）a. 高楼大厦间闪动着一束束彩光。

　　　b. *高楼大厦间闪动了一束束彩光。

隐现句中的动态助词"了"的功能和存在句中的"了"不太一样。隐现句中"了"前面的动词一般表示出现义或消失义，"了"在这里的功能是表示动作已经完成或实现，"V了"隐现句中的动词一般都是瞬间动词，不能表示持续义，所以这里的"了"不能表示状态的持续，只能表示状态的变化。例如：

（11）看守所里跑了一个嫌疑人。

（12）办公室里来了新成员。

## 12. 隐现句中动词后有哪些趋向补语？

隐现句中"V+趋向补语"可以表示某处出现或者消失了某物，存现主体以各种方式产生位移，但是这里的出现义或消失义不完全是由动词来表达的，而是由整个构式表达的，因为构式的部分形式和意义受到整个构式的压制，不能仅从构式的部分推测出整体意义。

## 一、出现句

（一）"V＋来"表示事物出现。例如：

（1）远处走来一个人。

（二）"V＋上""V＋上来"表示事物出现。例如：

（2）山顶上爬上一个人。

（3）a. 山顶上爬上来一个人。

例（2）表示出现的事物由低到高发生位移，例（3）a 表示出现的事物由低到高并向观察者的方向发生位移。

另外，例（3）a 中的趋向补语"上来"中间可以插入宾语。例如：

（3）b. 山顶上爬上一个人来。

（三）"V＋下""V＋下来"表示事物出现。例如：

（4）树上掉下一个人。

（5）a. 树上掉下来一个人。

例（4）表示出现的事物由高到低发生位移，例（5）a 表示出现的事物由高到低并向观察者的方向发生位移。

例（5）a 中的趋向补语"下来"中间可以插入宾语。例如：

（5）b. 树上掉下一个人来。

（四）"V＋进""V＋进来"表示事物出现。例如：

（6）屋里走进一个人。

（7）a. 屋里走进来一个人。

例（6）表示出现的事物从其他空间进入观察者所在的空间；例（7）a 表示出现的事物从其他空间进入观察者所在的空间，并向观察者的方向发生位移。

例（7）a 中的趋向补语"进来"中间可以插入宾语。例如：

（7）b. 屋里走进一个人来。

（五）"V＋出""V＋出来"表示事物出现。例如：

（8）水里钻出一个人。

（9）a. 水里钻出来一个人。

例（8）表示出现的事物从其他空间出来并到达观察者所在的空间；例（9）a表示出现的事物从其他空间出来并到达观察者所在的空间，向观察者的方向发生位移。

例（9）a中的趋向补语"出来"中间可以插入宾语。例如：

（9）b. 水里钻出一个人来。

（六）"V＋过""V＋过来""V＋过去"表示事物的出现。例如：

（10）眼前闪过一道闪电。

（11）a. 前面走过来一个人。

（12）a. 门口跑过去一个人。

例（10）表示出现的事物以较快的速度出现并很快消失，句子重点在于表达事物的出现，而非事物的消失，所以我们还是把这类句子看作出现句。例（11）a表示出现的事物由远及近并向观察者的方向发生位移。例（12）a表示出现的事物经过某处后又从该处消失，例（12）a和例（10）一样，句子重点在于表达事物的出现，而非事物的消失，所以我们也把这类句子看作出现句。

例（11）a中的趋向补语"过来"和例（12）a中的趋向补语"过去"中间不能插入宾语。例如：

（11）b. ＊前面走过一个人来。

（12）b. ＊门口跑过一个人去。

（七）"V＋回""V＋回来"表示事物出现。例如：

（13）三队逃回一个人。

（14）a. 三队逃回来一个人。

例（13）表示以前存在于某处的事物离开后又返回原处；例（14）a表示以前存在于某处的事物离开后又返回原处，并向观察者的方向发生位移。

例（14）a中的趋向补语"回来"中间可以插入宾语。例如：

（14）b. 三队逃回一个人来。

（八）"V＋起""V＋起来"表示事物出现。例如：

（15）屋外响起一阵喧闹声。

（16）a.腿上鼓起来一个包。

例（15）表示某处出现某事物；例（16）a表示某处出现某事物，并突出该事物所在处所的表面。

例（16）a中的趋向补语"起来"中间可以插入宾语。例如：

（16）b.腿上鼓起一个包来。

（九）"V＋开"表示事物出现。例如：

（17）脸上笑开花。

例（17）中的事物在某处以扩散的方式出现。

## 二、消失句

可以用"V＋去""V＋上去""V＋下去""V＋进去""V＋出去""V＋回去"表示事物消失。例如：

（18）a.这里爬上去一个人。

（19）a.这里爬下去一个人。

（20）a.屋里走进去一个人。

（21）a.屋里走出去一个人。

（22）a.他们村跑回去一个人。

（23）a.五号营地跑回去一个人。

例（18）a、例（19）a中的补语"上去"和"下去"表示消失的事物向观察者相反的方向发生位移。例（20）a、例（21）a中的补语"进去"和"出去"表示消失的事物原先和观察者在同一个空间，后来该事物从该空间向另一个空间发生位移。例（22）a和例（23）a可以有两种理解，一种是把处所词语"他们村"和"五号营地"看作位移的起点，句子是消失句；一种是把处所词语"他们村"和"五号营地"看作位移的终点，句子是出现句。

消失句中的补语中间如果插入宾语，句子不合格。例如：

（18）b.＊这里爬上一个人去。

（19）b. * 这里爬下一个人去。

（20）b. * 屋里走进一个人去。

（21）b. * 屋里走出一个人去。

（22）b. * 他们村跑回一个人去。

（23）b. * 五号营地跑回一个人去。

在隐现句中，动词后的复杂趋向补语和简单趋向补语"起、开"后可加动态助词"了"。例如：

（24）山顶上爬上来了一个人。

（25）树上掉下来了一个人。

（26）屋里走进来了一个人。

（27）笼子里飞出来了一只鹦鹉。

（28）前面走过来了一个人。

（29）三队逃回来了一个人。

（30）门口跑过去了一个人。

（31）这里爬下去了一个人。

（32）屋里走出去了一个人。

（33）五号营地跑回去了一个人。

（34）腿上鼓起来了一个包。

（35）屋外响起了一阵喧闹声。

（36）脸上笑开了花。

复杂趋向补语后还可以加动态助词"过"，但是简单趋向补语加上"过"后，句子的可接受程度会降低，如果趋向补语是"过"或"开"，后面不能用动态助词"过"。例如：

（37）a. ? 山顶上爬上过一个人。

　　　　b. 山顶上爬上来过一个人。

（38）a. ? 树上掉下过一个人。

　　　　b. 树上掉下来过一个人。

（39）a. ? 屋里走进过一个人。

　　b. 屋里走进来过一个人。

（40）a.？笼子里飞出过一只鹦鹉。

　　　b. 笼子里飞出来过一只鹦鹉。

（41）a.？五号营地跑回过一个人。

　　　b. 五号营地跑回去过一个人。

（42）a.？腿上鼓起过一个包。

　　　b. 腿上鼓起来过一个包。

（43）？屋外响起过一阵喧闹声。

（44）＊眼前闪过过一道闪电。

（45）＊脸上笑开过花。

　　另外需要注意的是"V＋趋向补语"结构中的动词一般不单独表示出现或消失，但有时候也有例外，如动词"显露、露"等。例如：

（46）神色中显露出一丝惊慌。

（47）脸上露出一丝笑容。


# 13. 存现句宾语中能不能出现专有名词？

　　一般情况下存现句宾语具有无定性。这是因为从信息传递的角度来说，通常先出现旧信息再出现新信息。句中的新信息一般出现在句末，所以存现句宾语具有无定性。但是在实际的语言使用中，我们发现专有名词也可以出现在存现句句末。例如：

（1）明朝出了个郑和。

（2）家里来了个李明，就住不下了。

（3）屋里跑出来个李明，吓了大家一跳。

（4）台下坐着李明，大家都不敢说话。

　　专有名词表示特定的人、地点、机构、组织、节日、星期及一些抽象概念的名称，如"孔子、孟子、北京、上海、中国人民大学、公安部、春节、中秋节、星期一"等，同一个言语社团的成员可以通过头脑中储存的百科知识获知专有名词的语义，所以专有名词具有较强的有定性。而存现句宾语要求具有无定性，这样一来似乎专有名词就不能出现在存现句宾语的位置了。但是例（1）～（4）的可接受程度却又很高，其原因是虽然句中宾语是专有名词，但是宾语具有可选择性。也就是说，句末存在、出现或消失的主体对于听话人来说是未确定的或未知的，说话人需要在众多的可选项目中选择其中的一个告知听话人，虽然宾语是专有名词，但是对听话人来说它是无定的。因此，存现句中做宾语的专有名词具有无定性。

隐现句中，专有名词做宾语更多地出现在表示出现的句子中，而较少出现在表示消失的句子中。这大概是因为事物的出现更容易引起人们的注意，即新出现的事物的认知辨识度比较高。另外，宾语为专有名词的隐现句自足性较弱，特别是表示消失的隐现句一般较少单独出现，需要有上下文语境。例如：

（5）就这样，队伍里来了个李明。

（6）办公室里来了个李明，气氛活跃了不少。

（7）宿舍里搬出去一个李芳，比以前安静多了。

（8）家里少了一个张静，父母都很不习惯。

和隐现句不同的是，"是"字存在句中专有名词做宾语时，专有名词前不带数量短语和量词，这和"是"字存在句具有一定的判断功能有关，当句子具有判断意味时，作为宾语的专有名词只能表示个体，如果前面加上数量短语或量词，就不表示个体而是表示类属。例如：

（9）楼顶上是李明。

（10）＊楼顶上是个李明。

一般情况下，存在句中的专有名词宾语前可以加量词也可以不加，加量词时语义不自足，很少单独出现，不加量词时可以单独出现。例如：

（11）屋里有李明。

（12）屋里有个李明，屋外有个李芳。

（13）办公室里坐着李明。

（14）办公室里坐着个李明，大家都不太自在。

当存在句的动词是"存在"时，句中的宾语不能是专有名词。例如：

（15）＊售票处存在一个李明。

专有名词做宾语的隐现句，宾语前的量词一般不省略。这是因为隐现的事物的无定性较为明显，量词出现在专有名词前可以弱化专有名词的特指性，从而弱化其有定性，表明其具有明显的无定特征。另外，这类句子当中宾语前的量词不能重叠，这是因为量词重叠表示其修饰的名词代表的事物数量众多，而专有名词代表的是个体。例如：

（16）＊办公室里来了一个个李明。

（17）＊椅子上坐着一个个李明。

句中的动词"有"具有出现义时，句子就不是存在句，而是隐现句，此时宾语前可以加量词，但通常会在动词后加补语"了"，同时因为语义不自足，通常不会单独出现。例如：

（18）屋里有了个李明，一下子就不一样了。

# 14. 存现句宾语前的数量短语有何特点？

现代汉语存现句中的宾语前大都加上了数量短语，这是一种比较典型的表达方式。从信息传递的角度来看，说话人需要传达的新信息在句末宾语处，因此，存现句中的宾语前面往往会带上修饰语，其中以数量短语或数量短语加其他修饰成分一起修饰宾语最为普遍。当表达某处出现、存在或消失了某物时，人们对于存现主体的一些细节信息会较为关注，存现主体的数量更加容易受到注意。因此，不论是在存在句还是隐现句中，光杆名词宾语都并不常见。在某些情况下，存现主体前也可能没有数量短语，我们将在下面分析存现句宾语前数量短语的使用特点。

## 一、存现句宾语前能否使用数量短语进行修饰

当主语是"满×"或"到处、随处、处处"等表示全量的处所词语时，从

认知上来说此时图形和背景完全重合，存现主体完全覆盖背景或背景充满了存现主体，所以不能使用数量短语修饰宾语。例如：

（1）满地碎纸屑。

（2）到处（都）是鲜花。

（3）随处（尽）是人。

（4）处处（都）体现出不一样的生机与活力。

例（1）～（4）中，除了例（1）这个无动存在句之外，其他几个句子中的动词前可以加表示全量的副词"都、尽、全、满"等，起到强调的作用。

动词前有表示全量的副词"都、尽、全、满"等时，一般不能使用数量短语修饰宾语，但是数量短语中的量词为重叠形式时，可以表示多量，句子可以成立。例如：

（5）a.* 客厅里满是装修后留下的一摞纸箱。

　　　b. 客厅里满是装修后留下的一摞摞纸箱。

（6）a.* 山顶上尽是一个敌人。

　　　b. 山顶上尽是一个个敌人。

（7）a.* 地上全是一堆垃圾。

　　　b. 地上全是一堆堆垃圾。

存现句中动词后的补语为表示全量的"满"时，不能使用数量短语修饰宾语。例如：

（8）* 墙上爬满了八条常青藤。

多数存在句的宾语前可以省略数量短语。例如：

（9）屋里有（一个）人。

（10）这棵海棠树的枝头上开着（几朵）花。

存在句中宾语为专有名词时也可以省略数量短语。例如：

（11）前排坐着（一个）李明。

（12）前面有（一个）李明，后面有（一个）张强。

但是无动存在句中的宾语前如无其他修饰成分，并且句首的处所名词不是"到处、随处、处处"等时，不能省略数量短语。例如：

（13）a. 眼前一片模糊。

　　　b.* 眼前模糊。

（14）a. 前面一片稻田。

　　　b.* 前面稻田。

隐现句中宾语前如无其他修饰成分或动词前没有状语修饰时，宾语前一般会加数量短语，这是因为相对于存在句来说，隐现句中事物的出现或消失更加具有认知上的突显性，宾语前加上修饰成分以呈现其详细情况，可以提高句子的可接受程度。例如：

（15）a. 他的身上出现了斑块。

　　　b. 他的身上突然出现了斑块。

　　　c. 他的身上出现了紫色的斑块。

　　　d. 他的身上出现了几个斑块。

（16）a. 这棵海棠树的枝头发出了芽。

　　　b. 这棵海棠树的枝头早已发出了芽。

　　　c. 这棵海棠树的枝头发出了新芽。

　　　d. 这棵海棠树的枝头发出了几个芽。

（17）a. 村子里死了人。

　　　b. 村子里这段时间死了人。

　　　c. 村子里死了不少人。

　　　d. 村子里死了两个人。

例（15）～（17）中，如果有充足的语境条件，a 句基本能够成立，但是相比较而言，b 句、c 句和 d 句的自足性更强，句子的可接受程度也更高。

出现句中的宾语为专有名词时，一般不能省略数量短语。例如：

（18）a. 这家公司出了一个李明。

　　　b.* 这家公司出了李明。

消失句中的宾语为专有名词时，可以省略数量短语。例如：

（19）a. 这家公司少了一个李明，就没有人能够接手这个项目了。

　　　b. 这家公司少了李明，就没有人能够接手这个项目了。

存现句中的宾语是抽象名词时，宾语前可以加数量短语。例如：

（20）论文末尾有一个重要观点。

（21）最近出现了一种新思潮。

（22）人群中弥漫着一种恐慌的气氛。

## 二、存现句宾语前数量短语中数词"一"的省略情况

句子不是无动存在句且宾语前数量短语中的数词是"一"时，一般可以省略数词，这种用法通常出现在口语中。例如：

（23）a. 他的手里有一束花。

b. 他的手里有束花。

（24）a. 这棵海棠树的枝头上开着一朵花。

b. 这棵海棠树的枝头上开着朵花。

（25）a. 黑板上写了一个字。

b. 黑板上写了个字。

存现句中的宾语为专有名词时，一般情况下宾语前数量短语中的数词也可以省略。例如：

（26）汉朝出了个霍去病。

（27）前排坐着个李明。

句子为无动存在句时，不能省略宾语前数量短语中的数词"一"。例如：

（28）a. 眼前一片绿意。

b.* 眼前片绿意。

（29）a. 床前一地月光。

b.* 床前地月光。

存现句宾语前数量短语中的量词为重叠形式时，即使数量短语中的数词是"一"，也不能省略数词。例如：

（30）a. 公路两边栽种着一棵棵挺拔的银杏树。

b.* 公路两边栽种着棵棵挺拔的银杏树。

（31）a. 教室里跑出来一个个朝气蓬勃的学生。

　　b.* 教室里跑出来个个朝气蓬勃的学生。

（32）a. 面前出现一辆辆崭新的轿车。

　　b.* 面前出现辆辆崭新的轿车。

## 三、存现句宾语前数量短语中量词的省略情况

存在句的宾语为非专有名词时，宾语前的数量短语一般不能省略量词。例如：

（33）a. 桌上有一本书。

　　b.* 桌上有一书。

（34）a. 茶壶里泡着一壶浓茶。

　　b.* 茶壶里泡着一浓茶。

（35）a. 眼前一片火光。

　　b.* 眼前一火光。

在某些方言（如北京方言）中，有时可以省略量词。例如：

（36）a. 前面有一个人。

　　b. 前面有一人。

隐现句的宾语为非专有名词时，宾语前的数量短语一般不能省略量词。例如：

（37）a. 地下冒出来一股水。

　　b.* 地下冒出来一水。

（38）a. 袋子里少了一份重要文件。

　　b.* 袋子里少了一重要文件。

隐现句宾语前数量短语中的量词为"个"，且宾语为"人"时，如果省略了"个"，句子的可接受程度就会有所降低。例如：

（39）a. 屋里多了一个人。

　　b.? 屋里多了一人。

（40）a. 队伍里少了一个人。

　　b.? 队伍里少了一人。

隐现句中的宾语为专有名词时，数量短语中的量词一般不省略。例如：

（41）明朝出了一个郑和。

（42）公司少了一个李明。

# 15. 无动存在句的特点是什么？

无动存在句是一种比较特殊的存在句，它和其他存在句的不同之处在于句中没有动词，只有句首的存在处所和句末的存在主体。例如：

（1）窗下一张长长的躺椅。

（2）广场上一群群穿着不同服饰的人。

（3）田野里一簇簇的花朵。

（4）屋檐下一把破旧的椅子。

无动存在句直接把存在处所和存在主体放在一起，使人们从认知上产生关联。从关联理论的角度来分析的话，表示场所的名词性词语和表示事物的名词性词语放在一起时，会产生比较强的语境效果，从而使人们在认知上比较容易产生联想。人们把处所和事物联系在一起后，就会产生"某处存在某物"的认知概念，即句中的两个名词性词语之间产生了关联，句子具有了合法性。

无动存在句传递的信息除了从视觉上获得，也可以从听觉、触觉，甚至心理感触中获得。例如：

（5）耳边一片嘈杂。

（6）手上一片冰凉的感觉。

（7）心里一阵酸楚。

无动存在句的一个特点是该构式没有用动词表示事物存在的方式，没有像"有"字存在句那样用动词强调存在，也没有像"是"字存在句那样既强调事物的存在也带有判断的意味，而且并不是所有的无动存在句都可以把动词补充出来。例如：

（8）心里一片宁静。

（9）眼前一片模糊。

（10）现场一片混乱。

（11）教室里一片笑声。

例（8）～（11）不需要补充动词或很难补充出动词来，无论是表示具体存在方式的动词，还是单纯表示存在的"是、有、存在"似乎都不需要或难以插入句中，因此，把无动存在句单独看作一种存在句似乎更合适一些。无动存在句的存在方式被模糊化了，或者说无须清晰地表明存在主体的存在方式，因为语境已经提供了足够的效果，句中的两个名词性成分产生了较强的关联性，人们能够比较容易地理解这类句子具有"某处存在某物"的语义，而无须付出更多的认知努力。

有的无动存在句中也能够补充动词，甚至在一个具体的句子中可以补充不同的动词，但如果从语言经济性出发，其实无须补充动词，因为这可以给人们留下更多的认知想象空间，达到一种特殊的修辞效果，因此无动存在句很多时候出现在文学作品对于场景的描述中。

无动存在句句首表示存在场所的名词性词语后面很多时候可以带方位词语，但是前面一般不能出现介词，因为介词会强化存在场所的具体位置，如果出现介词，就需要加入相应的动词，以突出事物存在的方式或强化事物的存在感，在语义上前后呼应。例如：

（12）墙上一幅水墨山水画。

（13）在墙上挂着一幅水墨山水画。

（14）在墙上有一幅水墨山水画。

无动存在句中处所词语前面有时有表周遍性的修饰性定语"满、遍、全、浑、周"等，此类句子表示存在主体覆盖或充满存在场所，具有覆盖义或充满义。表示覆盖义时，存在场所一般是平面或事物的表面；表示充满义时，存在场所为存在空间。此时，图形与背景相重合，图形覆盖或充满背景。例如：

（15）满脸雀斑。

（16）满柜衣服。

（17）遍地泥泞。

（18）遍身罗衣。

（19）全屋精装修。

（20）全身盔甲。

（21）周身病痛。

（22）浑身丝绸。

例（15）～（22）中，除了例（16）表示充满义外，其他的都表示覆盖义。无动存在句中图形与背景重合的方式大多为图形覆盖了背景，少数为图形充满了背景。在表示充满义时，无动存在句句首表示存在处所的名词前的修饰性定语一般是"满"。例如：

（23）满箱行李。

（24）满抽屉工具。

无动存在句是"一＋量词＋名词"结构时，也可以表示周遍性，但是数词"一"需要和相应的量词搭配，"一"并不能单独表示周遍性，此时和"一"搭配的量词一般不是通常意义的量词，而是名词活用为量词。例如：

（25）一地瓜子壳。

（26）一身油污。

（27）一屋子灰蒙蒙的烟雾。

（28）一火车人。

我们可以比较一下"一＋量词＋名词"结构形成的无动存在句和一般的数量短语之间的不同。例如：

（29）一书包书。（周遍性）

（30）一包书（非周遍性）

（31）一纸箱水果。（周遍性）

（32）一箱水果（非周遍性）

例（29）和例（31）中的"书包"和"纸箱"都是名词活用为量词，数量短语"一＋量词＋名词"结构表示周遍性；例（30）和例（32）中的"包"和"箱"都是普通量词，数量短语"一＋量词＋名词"结构不表示周遍性。

无动存在句中的覆盖义和充满义并不一定和实际情况相符合，但是符合说话人的心理概念，是说话人心理概念在语言上的真实反映。例如：

（33）满桌饭菜。

（34）满抽屉玩具。

（35）满身伤痕。

（36）全身披挂。

（37）一池荷花。

例（33）中的"饭菜"不可能完全摆满桌子，例（34）中的"玩具"不可能充满抽屉的全部空间，例（35）中的"伤痕"一般也不可能布满全身，例（36）中表示盔甲的"披挂"一般也不会完全覆盖人体，例（37）中的"荷花"也不太可能完全覆盖池塘的表面。

有时存在主体也可能是抽象名词，这时句首表示存在处所的名词前的修饰性定语是"满"，且一般表示充满义，这是一种隐喻的表达方式。例如：

（38）满眼伤痛。

（39）满心欢喜。

（40）满脑子坏主意。

例（38）、例（39）和例（40）分别把"眼""心""脑子"隐喻为容器，把"伤痛""欢喜""坏主意"隐喻为容器中的被容纳物。

无动存在句的宾语部分可以是定中结构，因为无动存在句中没有动词表现具体的存在方式，因而不能突显存在主体，复杂的名词性短语可以通过修饰性定语突显存在主体，从而可以在一定程度上弥补这种缺陷。例如：

（41）满眼抑制不住的伤痛。

（42）满心说不出来的欢喜。

（43）满脑子乱七八糟的坏主意。

但是当处所词语前的定语为表周遍性的"满、全、遍、浑、周、一"等词语时，句中的宾语前不能加数量短语。例如：

（44）* 满眼一片绿意。

（45）* 全屋一片精装修。

无动存在句经常表示图形覆盖背景，所以句中宾语前常常使用数量短语"一片"，因为"一片"有时可以表示数量众多，在认知中可以代表图形完全覆盖背景。例如：

（46）眼前一片绿意。

（47）手臂上一片红肿。

无动存在句还有一个特点，即图形-背景关系中的图形可能不止一个，但是说话人只关注到其中的一个图形，而忽略了其他图形，并把其他不是关注焦点的图形也处理为背景，这时存现结构常常成为句子的某一个成分。例如：

（48）桌上一本书。

（49）低头一看，只见地上一片黄色的树叶。

例（48）中，"桌上"可能还有其他东西，但是被说话人选择性地忽略了，"一本书"在说话人眼中成了唯一的图形。例（49）中的"地上"可能还有其他东西，但是说话人只关注到"一片黄色的树叶"。

# 16. 存现句中常见的隐喻表达表现在哪些方面？

隐喻是语言中常见的表达手段，体现了说这种语言的人们在认知上的概念结构。本节我们将讨论现代汉语存现句中的隐喻表达。

隐喻的本质就是通过另一种事物来理解和感知当前的事物，我们的日常生活和语言中充满了隐喻，现代汉语中有大量的隐喻表达方式，存现句中就有不少隐喻表达。有些隐喻表达方式是自然产生的，甚至我们没有明确地意识到这种特殊表达方式的存在，下面介绍一下现代汉语存现句中常见的一些隐喻表达方式。

## 一、容器隐喻

由于存现句表示某处出现、存在或消失了某物，存现句句首的词语是表示处所的词语，而容器就可以看作处所，因此，很多时候处所词语是使用"某某是容器"这样的隐喻手段来表达的。

（一）"思想是容器"隐喻

"思想是容器"隐喻包含了一些下位的隐喻表达，如"想法是容器"隐喻、"计划是容器"隐喻、"猜测是容器"隐喻、"想象是容器"隐喻等。

（1）他的想法中有很多漏洞。

（2）你的思想有问题。

（3）你的观点中有很多值得我们吸取的经验。

（4）你的看法很有道理。

（5）我们的猜测是有依据的。

（6）这个推论中存在着一个很大的漏洞。

（7）这个计划中有一个小小的瑕疵。

例（1）～（7）都是存在句，"思想是容器"的隐喻表达也同样适用于隐现句。例如：

（8）这个计划出了一点儿问题。

（9）这种观点渐渐显露出了一些不足之处。

（10）随着时间的流逝，这种观点慢慢地失去了市场。

（11）这种想法很快就失去了吸引力。

（二）"行为是容器"隐喻

（12）这种行为充满了对其他人的不屑一顾。

（13）她的挣扎中隐含着不甘。

（三）"情感是容器"隐喻

（14）有时亲情中也有算计。

（15）这两人的友情中没有掺杂任何的杂质。

（16）他们的爱情中充满了渴望、焦虑和迷惘。

（四）"人的身体是容器"隐喻

身体的某些部位参与了人的思想活动和情感活动，在存现句中被隐喻为容器，比如"心脏是容器"隐喻、"头脑是容器"隐喻、"眼睛是容器"隐喻、"腹部是容器"隐喻等。

（17）心中充满了欢乐。

（18）心里充满了愤怒。

（19）心里充满了希望。

（20）心里有一点点遗憾。

（21）心里有一个不太成熟的想法。

（22）心里一阵悲凉。

（23）头脑中一片混乱。

（24）头脑中有一个模糊的印象。

（25）脑中一片空白。

（26）满脑子胡思乱想。

（27）眼中全是愤恨。

（28）一肚皮不合时宜。

例（17）～（28）都是存在句，"人的身体是容器"隐喻也同样适用于隐现句。例如：

（29）心中升起了一丝渴望。

（30）头脑中有了深刻的印象。

（31）心里没有了任何期盼。

（五）"人生是容器"隐喻

（32）人生充满了悲欢离合。

（33）人的一生充满了各种变数。

（34）每个人的一生中都会有坎坷，有艰辛。

（六）"话语是容器"隐喻

（35）她的话里充满了讽刺。

（36）这句话饱含深意。

（37）母亲对他的嘱咐中有不舍，有担忧，有期盼，有渴望。

（38）他的评语中隐含着鼓励。

（39）老师对他的批评中隐含着鼓励。

"话语是容器"隐喻同样不仅适用于存在句，也适用于隐现句。例如：

（40）他的话语中流露出一种不屑一顾的语气。

（41）他的话语中早已没有了那种高高在上的气势。

（七）"表情是容器" 隐喻

（42）她的笑容里带有一丝苦涩。

（43）她的表情中流露出一丝担忧。

（44）他的笑容里隐含着一丝讥讽。

（45）笑中带泪。

（八）"声音是容器" 隐喻

（46）他说话的声音中有一种控制不住的恐惧。

（47）鼓声中充满了斗志。

（48）新年的钟声中充满了期盼。

（49）这头动物死亡时发出的悲鸣声中有一种无法形容的绝望。

（50）笛声中流露出一丝渴盼。

（51）歌声中早已没有了当年那种圆润浑厚的音韵。

（52）他的话语中失去了往日的平静。

（九）"情绪是容器" 隐喻

（53）高兴中又隐藏着不安。

（54）后怕中带有一丝暗暗的庆幸。

（55）悲伤中充满了绝望。

（56）她的悲伤中却隐隐流露出一种不太真实的感觉。

（57）成年人的快乐中早已没有了童年时的纯粹。

（十）"天空是容器" 隐喻

（58）空中传来一阵歌声。

（59）空中飞舞着雪花。

（60）天空中出现了几个神秘的飞行物。

（61）天空中传来一阵轰鸣声。

（十一）"空气是容器" 隐喻

（62）空气中充满了茉莉花香。

（63）空气中有一股怪味。

（64）空气里没有了那股奇怪的味道。

（十二）"水是容器"隐喻

（65）水中游动着一条条色彩斑斓的锦鲤。

（66）水里长着许多叫不出名字的水草。

（67）水里突然钻出来一个人。

（十三）"气氛是容器"隐喻

（68）平静中暗含着危险。

（69）闹市的喧嚣中却带有一种充满生命力的人间烟火气。

（70）热闹中却带有一种隐隐的孤寂之意。

（71）混乱中跑出来一个人。

（72）喧闹中突然传出一阵哭喊声。

（十四）"时间是容器"隐喻

存现句的处所词语处常常出现表示时间的词语，这是一种较为常见的隐喻表达方式，在许多国家的语言中都能见到这种表达方式，这就是"时间是容器"隐喻。例如：

（73）这段时间有很多考试。

（74）短短几年之间就走了很多人。

（75）十几年里没有再发生任何事故。

（十五）"生活是容器"隐喻

（76）生活中充满了不确定性。

（77）生活中突然出现了一个不确定的事物。

（78）生活中失去了快乐。

（十六）"战争是容器"隐喻

（79）战争中充满了不确定性。

（80）这场战争中出现了变数。

（81）那场战争失去了意义。

（十七）"论争是容器"隐喻

（82）他们的辩论中充满了火药味。

（83）他们的辩论中全是一些逻辑混乱的观点。

（十八）"人际交往是容器"隐喻

（84）他们的交往中全是利益。

（85）同学们的交往中出现了一些不和谐的声音。

（十九）"实心物体是容器"隐喻

（86）这本书里画有很多精美的插图。

（87）电脑里存着很多重要文件。

（二十）"聚集的物体是容器"隐喻

（88）树林里飞出一群小鸟。

（89）头发里散发出一股玫瑰香味。

（90）草丛里藏着一只可爱的小动物。

　　存现句主语使用容器隐喻时，往往采用"名词＋里／中"的表达形式，这是因为这种隐喻的表达方式并不是一种典型的空间表达方式，"里"和"中"可以起到明确并强化空间义的作用。

## 二、物体隐喻

　　现代汉语存现句句末宾语经常使用某些隐喻表达，常见的有"存现主体是物体"的隐喻，下面我们来列举一些常见的"某某是物体"的隐喻表达。

　　（一）"思想是物体"隐喻

　　"思想"类词语出现在存现句句首主语的位置时，往往使用容器隐喻来表达，而"思想"类词语被放在存现句宾语的位置时，经常使用的隐喻表达是物体隐喻。例如：

（91）心中有一点儿小小的想法。

（92）头脑中有一个大概的计划。

（93）头脑中隐隐有一个不敢说出口的念头。

（94）头脑中有一个模糊的印象。

（95）头脑中留下了短暂的记忆。

例（91）～（95）均为存在句。我们再看一下"思想是物体"隐喻在隐现句中的使用。例如：

（96）心中突然冒出一个奇怪的念头。

（97）脑中突然闪过一丝灵光。

（98）心中早已失去了那份奢望。

（99）头脑中突然失去了那段时间的记忆。

（二）"表情是物体"隐喻

（100）面无表情。

（101）满面笑容。

（102）满脸怒气。

（103）面有苦色。

（104）满脸悲伤。

（105）一脸幸福。

例（100）～（105）均为存在句。我们再看一下"表情是物体"隐喻在隐现句中的使用。例如：

（106）脸上突然失去了笑容。

（107）面露失望之色。

（108）唇角隐隐露出一丝笑意。

（109）面露难色。

当存现句主语使用容器隐喻的表达方式时，如果句中的宾语是抽象名词，那么这个宾语也通常会使用隐喻的表达手段，如果宾语是一个具体的名词，那这个名词往往使用转喻的表达手段。例如：

（110）满脑子胡思乱想。

（111）满肚子坏水。

例（110）中的主语"满脑子"和例（111）中的主语"满肚子"采用了容器隐喻，但是例（110）中的宾语"胡思乱想"是一个抽象名词，它是一个物体隐喻，即"思想是物体"，而例（111）中的宾语"坏水"则使用了转喻的表达手段，即"坏水代表坏主意"。

以上就是我们在存现句中经常见到的一些隐喻表达方式，隐喻体现了说汉语的人们具有一种共同的认知心理基础。这些汉语的隐喻表达方式和其他语言的隐喻表达方式既有共通之处，也存在一些差异，这是在教学和学习中需要特别注意的。

# 17. 存现句中常见的转喻表达表现在哪些方面？

现代汉语存现句中不仅有大量的隐喻表达方式，同时也存在不少转喻表达方式，转喻指一个词表示的字面意义和它的比喻意义之间存在邻近关系，转喻表达就是某一个成分代表另一个成分进行表达，现代汉语存现句中常见的转喻表达方式有以下几种。

## 一、以整体代表部分

（1）大楼里跑出来一个人。

（2）窗户上贴着窗花。

例（1）用整个大楼代表大楼中的某一套房子；例（2）用整个窗户代表窗户的某一部分，如窗玻璃。

## 二、以容器代表内容

（3）煮了两碗面条儿，这碗放辣椒，那碗不放辣椒。

（4）餐桌上有一碗，锅里还有一碗。

（5）左边柜子里放一包，右边柜子里再放一包。

例（3）用"碗"代表碗中的面条儿，例（4）用"碗"代表碗中的食物，例（5）用"包"代表包中的物品。其中，例（3）中的主语使用了转喻，例（4）和例（5）中的宾语使用了转喻。

## 三、以颜色代表事物

（6）天地间一片白茫茫。

（7）眼前一片绿意。

（8）眼前出现了一大片金黄色，原来是向日葵正在盛开。

## 四、以某种情感的生理结果代表这种情感

（9）心里一片冰凉。

（10）心里发冷。

（11）眼中流下了泪水。

（12）嘴角有一丝弧度。

　　例（9）用"心里一片冰凉"代表失望，例（10）用"心里发冷"代表失望或绝望。例（9）和例（10）中还存在由转喻引发的隐喻，即"失望是冷"。例（11）用"眼中流下了泪水"代表悲伤或激动，例（12）用"嘴角有一丝弧度"代表笑容。这几个例句都是用整个句子来表达转喻。

## 五、以面容的变化代表年龄的变化

（13）脸上出现了皱纹。

（14）眼角出现了深深的鱼尾纹。

　　例（13）和例（14）也是使用整个句子来表达转喻。

## 六、以身体感知的结果代表身体行为

（15）脑子里一片空白。

（16）见到久别的亲人，他的眼前一片模糊。

（17）醒来后脸上一片湿意。

（18）手上传来一阵冰凉。

　　例（15）用"脑子里一片空白"代表大脑失去记忆或判断能力等精神行为，例（16）用"他的眼前一片模糊"代表哭泣的行为，例（17）用"脸上一片湿意"代表哭泣的行为，例（18）用"手上传来一阵冰凉"代表身体和其他事物的接触行为。这几个例句用整个句子或句中的存现结构来表达转喻。

### 七、以身体温度的变化代表身体的变化

（19）他的身体已经失去了最后一丝体温。

例（19）用"身体失去体温"代表失去生命。

（20）满头大汗。

例（20）用"满头大汗"代表身体发热或疲惫。

### 八、以场景的变化代表与其相关的其他变化

存现句一般用来描写某个场景，其中常常隐含着一些我们一般不易察觉的转喻表达，场景中事物的出现、存在或消失之类的变化往往预示或代表了与之相关的其他事物的变化。例如：

（21）这个季节，墙上常常挂满了水珠。

例（21）用"墙上挂满了水珠"代表回南天的到来。

有时候甚至会使用多个存现句来表达转喻。例如：

（22）枝头发出的新芽，林子里传出一阵阵清脆的鸟鸣声，脸颊边刮来一阵阵微风，风中飞舞着片片粉红色的海棠花瓣。

例（22）使用了四个存现句，均为自然之物代表季节的转喻。

由此可见，和隐喻表达一样，现代汉语存现句中同样大量使用了转喻的表达方式，有时是存现句中的主语使用了转喻，有时是存现句中的宾语使用了转喻，有时则是整个存现句都使用了转喻。另外，有时转喻的使用还会引发隐喻的出现，呈现出转喻和隐喻互动的情况。

# 18. 汉英存现句有何不同？

学习者在习得第二语言的过程中，往往会出现很多偏误，这些偏误可能是某种因素导致的，当然，也可能是多种因素共同作用导致的。因为学习者第一语言的干扰而造成的语际偏误往往比较容易引起人们的注意，这种偏误在初级阶段学习者中比较常见，但是有时候它也会影响到中高级阶段的学习者。弱势对比分析

理论认为，对比分析不能解释所有偏误产生的原因，它仅仅能解释学习者因第一语言干扰而形成偏误的原因。学习者第一语言中的规则可能会对学习者习得第二语言产生较大的影响，因此，很有必要将它们进行对比分析。本节我们将从不同的角度对比汉语存现句和英语存现句的异同，以便对汉语存现句的教学和学习提供帮助。

## 一、汉英存现句构式

汉语原型存现句构式的形式为"N$_处$＋V＋N$_物$"，构式义为"某处出现、存在或消失了某物"。英语原型存现句构式的形式为"there＋动词＋PP"，构式义为"某处出现、存在或消失了某物"。从对构式的总结中可以看出，汉语存现句和英语存现句的结构并不一样，但这两种语言的存现句构式语义是相同的，都表示某处出现、存在或消失了某物。

## 二、汉英存现句的使用频率

汉语存在句和英语存在句在实际使用中都占有优势。汉语存现句中使用频率较高的是存在句，其中"V着"存在句、"V了"存在句以及"有"字存在句的使用频率比较高，其他存在句和隐现句的使用频率较低。英语存现句中使用频率较高的也是存在句，其中"there be"结构的存在句又占了绝对优势。

汉语存在句和英语存在句占优势的现象可以从认知上获得一定的解释。在一般情况下，某种事物存在于某处的状态可能会持续较长的时间，这更能引起人们的关注，而某种事物在某处出现或消失，因其具有瞬时性，不太容易被人们注意到。因此，存在句的使用频率比隐现句的使用频率高。

## 三、汉英存现句的句首词语

较为典型的汉语存现句句首词语一般为表示处所的词语，而英语中较为典型的存现句的句首词语为"there"。汉语的句首处所词语一般表示一个具体的处所，有时也可能通过隐喻的方式指向处所。例如：

（1）这块手表上有一点儿瑕疵。

（2）眼中透出一抹惊喜。（隐喻表达）

但是英语存现句的句首词语"there"则是一个较为虚化的词语，它本身并没有实际的意思，不能与指示词"here"形成对比，它更多的是起到一种提示作用，即提示句子是存现结构，表示事物存在或隐现地点的处所词语则一般放在句末。因此"there"在形式上的提示作用大于意义上的作用。在语音方面，英语存现句句首词语"there"一般不重读，这体现了语音象似性，即当句子中某个词语的词义虚化时，其读音会相应地弱化。需要注意的是，如果句首的词语"there"被重读，"there"就是一个具有指示功能的词语，表示的是一个具体的地点或位置，能够和指示词"here"形成对比，那么这个句子就不能看作存现句，即使其结构和汉语存现句的结构完全一样，且翻译为汉语的句意和汉语存现句的句意也非常相似，也不能把这类句子看作存现句。

## 四、汉英存现句的句法结构

较为典型的现代汉语存现句有固定的句法结构，表现为"$N_{处}+V+N_{物}$"，典型的现代英语存现句表现为"There+动词+存现主体+地点"。另外，英语存现句除了典型的表现形式以外，还有两种非典型的表现形式：

1. 地点+there+动词+存现主体。
2. 地点+动词+存现主体。

和典型的存现句相比，英语非典型存现句的语序发生了明显的变化，但是汉语中各类存现句的语序比较固定，没有发生变化，存现句各种句式的差异体现在句子内部成分的构成上。

## 五、汉英存现句中的主语

汉语存现句的主语为处所主语，其中最为典型的形式是"名词+方位词"，另外方位词、名词、代词、介词短语、动词短语等也可以做处所主语。英语存现句中典型的句首主语是"there"，它是一个形式主语，其意义被虚化，读音非重读，其表现形式只有一种，形式较为单一，其语义是由具体的表示指示性的"there"衍化而来的，具有表示存在的功能，但是由于"there"表示地点的语义被虚化，具体表示地点的词语一般被放在句子的末尾。这体现了说汉语的人和说英语的人的不同认知模式，即说汉语的人先注意到一个比较清晰的背景，随后虚化该背景，作为图形的存现主体再清晰地显现出来，而说英语的人首先注意到的是一个较为模糊的或者说是虚化的背景，再注意到一个清晰的存现主体，然后再注意到一个相对"there"来说更加清晰的背景。

## 六、汉英存现句中的动词

汉语存现句和英语存现句中的动词都可以表示存在、出现或消失，但是英语存现句的主语为表示存在的形式主语"there"时，句中的动词不能是表示消失义的动词。这是因为如果动词表示消失义，句首的主语"there"就变为表示指示的"there"，表示具体的意思"那里"，那么该句子就不属于存现句。

汉语和英语中，存在句出现的频率都高于隐现句，这说明说汉语的人和说英语的人拥有一个共同的认知规律，即相对于事物的出现和消失来说，人们更加关注事物的存在。

典型的汉语存在句为"V 着"存在句和"有"字存在句，典型的英语存在句为"there + be"存在句。汉语的"V 着"存在句中有表示具体存在方式的动词，而"there be"存在句中没有表示具体存在方式的动词。由此可以看出，以汉语为母语的人更加重视事物存在的方式。另外，汉语存在句和英语存在句中的动词都有一个共同的特征，即表动作性的功能弱化，而表状态性的功能增强。

汉语存现句中的动词更加丰富，并且动词后面可以接补语，因此汉语存现句的表现形式更为丰富。典型的汉语存现句中出现的动词比典型的英语存现句中的动词要丰富得多，很多表示静态的动词和表示动态移动的动词都能进入汉语存现句。汉语存现句中动词"有"的使用频率较高，但是还没有像英语存现句中的动词"be"使用得那么频繁，而在典型的英语存现句中，除了动词"be"之外的其他动词使用得并不太多。

汉语的无动存在句中没有动词，而英语没有对应的表达方式，英语的存现句中必须出现动词。汉语是孤立语，其语法意义主要通过虚词和语序来表达，没有动词的曲折变化，而英语是屈折语，其语法意义主要通过动词的形态变化来完成。

## 七、汉英存现句中的宾语

汉语存现句和英语存现句中的宾语（存现主体）都具有无定性。典型的汉语存现句宾语前的修饰语大都为数量短语，并且数量短语中数词"一"的出现频率最高，英语存现句宾语前的修饰语一般为表示无定的不定冠词"a"和"an"。

汉语存现句和英语存现句中的宾语大多数情况下是普通名词，但是有时可能是专有名词。汉语存现句中的宾语位于句末，但是英语存现句中的宾语往往位于句中。

汉语存现句和英语存现句的宾语都可以是施事宾语，但是宾语的施事性都被弱化，从而变得更加客体化。

## 八、汉英存现句中存现主体的无定性

汉语的存现主体表示句子的新信息，是句子中的信息焦点。因此，存现主体具有无定性，通常可以用表示无定的数量短语修饰。英语存现句的存现主体同样也是句子中的新信息，也具有无定性，存现主体前通常可以加上无定冠词"a"或"an"，以及某些表示无定的词语，如"one"。但是需要注意，英语存现句中的存现主体有一种特殊的表达——"the＋非具体名词短语"。

## 九、汉英存现句中专有名词做存现主体

虽然汉语存现句和英语存现句中的存现主体都具有无定性，但是这两种语言中的存现主体都可以是专有名词，只是专有名词前的修饰语要具有表示无定的功能。汉语中表示存现主体的专有名词前可以出现表示无定的数量短语或量词，而英语存现句中作为存现主体的专有名词前可以出现不定冠词"a"或"an"。

另外，英语存现句和汉语存现句中表示存现主体的专有名词前有时也可能没有表示无定性的修饰性词语，但这并不是说这里的专有名词不具有无定性，因为存现句构式的语义是"某处出现、存在或消失了某物"，即使存现主体是听话者早已经知道甚至熟悉的事物，但是该事物在某处存在、出现或消失这个信息对于

听者来说并非是预期的。因此，作为存现主体的专有名词还是无定的。

## 十、汉英存现句中的处所词语

汉语存现句中的处所词语位置比较固定，都位于句首，而英语存现句中处所词语的位置在大多数情况下位于句末，但是有时也可能出现在句首或句中的位置。另外，汉语存现句中的处所词语即使不出现，也可以根据具体的语境补出来，但是英语的存现句中常常没有处所词语，而出现现在分词短语、被动态短语、形容词短语和特殊的"with"短语、"about"短语。

## 十一、汉英存现句中的隐喻用法

汉语存现句和英语存现句中都存在隐喻用法，并且在大多数情况下都很相似，如表示时间的词语可以隐喻为处所，一些抽象的词语可以隐喻为空间或容器，但汉语存现句和英语存现句中的隐喻用法都不是典型的存现句表达方式。

## 十二、汉英存现句中的原型效应

汉语存现句和英语存现句中都存在原型效应，它们都有典型性存现句和非典型性存现句。在存在句中这种原型效应特别明显，比如汉语的"V 着"存在句、"有"字存在句和英语的"there be"存在句都是存在句范畴中的典型成员。

# 第二部分　存现句与相似句式之间及存现句中相似结构之间的辨析

## 19. 表示存在的"是"字句和表示判断的"是"字句有何不同？

"是"字判断句一般表示说话者对某事物的属性、特征、性状等方面的问题做出判断，"是"字判断句在语言表达中经常出现，其中有一类"是"字判断句在结构和形式上与"是"字存在句有相似之处，这类"是"字判断句的结构为"名词性成分＋是＋名词性成分"，而"是"字存在句的结构为"名词性处所词语＋是＋名词性成分"，以下例句为"是"字判断句。

（1）他是那家大公司的首席执行官。

（2）小李是同济大学的学生。

（3）榴梿是一种热带水果。

（4）孩子是家庭的未来。

以下例句为"是"字存在句。

（5）左边是银行。

（6）柜子下是一块垫板。

（7）楼下是销售部的办公室。

（8）箱子里是他从家乡带来的土特产。

由于"是"字存在句中的动词"是"也有表示判断的功能，汉语学习者在实际使用中容易混淆"是"字存在句和"是"字判断句。怎样区别这两种不同的句子呢，我们可以从以下几个方面来考虑。

### 一、"是"字存在句的主语表示事物存在的场所

由于存在句的表现形式是"N$_处$＋V＋N$_物$"，因此，存在句的主语一定是表示场所的词语，如果"是"字句的主语不表示场所，那就不是存在句，如

例（1）～（4）的主语分别是"他""小李""榴梿"和"孩子"，所以例（1）～（4）都是判断句。而例（5）～（8）的主语分别是"左边""柜子下""楼下"和"箱子里"，它们都是表示场所的词语，所以例（5）～（8）都不是判断句，而是存在句。需要注意的是，有时某些看上去像是表示场所的词语做主语时却并不是存在句。例如：

（9）三楼也是我们上课的地方。

（10）写字楼是人们办公的场所。

（11）这里是春城。

（12）北京是中国的首都。

例（9）～（12）中，"三楼"指具体的地点，"写字楼"也可以指某类地点，"这里"是表示地点的指示代词，"北京"是具体的城市，它们都可以表示场所，但是这几个句子却都是判断句，而不是存在句。判断主语是否是事物存在的场所需要根据句子整体分析，例（9）和例（10）中的主语和宾语之间是"部分—整体"关系（类属关系），主语表示部分，宾语表示整体，"三楼"属于"我们上课的地方"，"写字楼"属于"人们办公的场所"；而例（11）和例（12）中的主语和宾语之间则是等同关系，"这里"等同于"春城"，"北京"等同于"中国的首都"，句中的宾语都不是存现主体。因此，例（9）～（12）都是判断句，它们的主语表示的是地点或地名，而不是事物存在的场所。

由此可知，判断主语是否表示事物存在的场所，需要根据整个句子来判断，而不能单看主语是否可以表示地点，句中的主语和宾语之间的关系对于辨别句子是存在句还是判断句起较为关键的作用。

## 二、"是"字存在句的主语一般需要带方位词、动词或其他表示方位的词

"是"字存在句的主语表示事物存在的场所，一般情况下都是由"名词+方位词"来表示。例如：

（13）桥下是波涛汹涌的长江。

（14）杯子里是今早烧开的水。

有时"是"字存在句的主语是"动词+名词"。例如：

（15）靠门是一根柱子。

（16）沿公路是一栋栋灰色的五层楼房。

有时"是"字存在句的主语是"动词+名词+方位词"。例如：

（17）沿着铁路两边是热闹的居民区。

（18）靠小河右边是当年修建的城墙。

有一些处所词语表明了具体的方位。例如：

（19）眼前是一片汪洋大海。

（20）门口是一堆垃圾。

（21）对岸是一望无际的田野。

这类处所词语原先是短语，因为其使用频率较高，渐渐地从短语演变为词，但是其结构还是"名词性语素+方位词性语素"，因此，这类词本身就具有明确的方位指向功能。但是，有时因为某些语用因素，"是"字存在句的主语可以不带方位词或动词。例如：

（22）班主任给大家分了组，不同组的同学在不同的办公室，<u>这个办公室（里）是一组的同学，那个办公室（里）是二组的同学</u>。

（23）这些抽屉里都装着各种办公用品，<u>这个抽屉（里）是A4纸</u>。

例（22）和例（23）中，根据前文内容可以判断画线部分是存在句，主语中的方位词因语言的经济规律起作用，可以承上省略。

"是"字判断句的主语一般不带方位词、动词，其本身也没有明确的方位指向功能，少数情况下即使带上方位词，也不表示事物存在的场所。例如：

（24）学校里是教书育人的地方。

（25）书桌上是放学习用品的地方。

例（24）和例（25）的主语和宾语之间是"部分—整体"的关系，它们的主语"学校里"和"书桌上"不是事物存在的场所，宾语"教书育人的地方"和"放学习用品的地方"也不是存现主体。

### 三、"是"字存在句中修饰宾语的量词可以重叠

"是"字存在句中宾语前的量词可以重叠。例如：

（26）耳旁是一声声亲切的呼唤。

（27）耳边是一阵阵海涛声。

（28）路边是一排排排列整齐的树木。

（29）海面上是一层层泛着白沫的海浪。

但是，"是"字判断句中宾语前的量词不能重叠。例如：

（30）他们是一群正直善良的人。

（31）这是一块肥沃的土地。

我们不能把例（30）、例（31）改为以下句子：

（32）＊他们是一群群正直善良的人。

（33）＊这是一块块肥沃的土地。

这是因为"是"字存在句中宾语前的量词重叠表示其修饰的事物数量众多，如果宾语是通过听觉获知的事物，"一＋量词重叠"的表达方式体现了声音在空间中的线性传播，如例（26）、例（27）；如果宾语是通过视觉获知的事物，量词重叠体现的是说话者视线扫描的路径，如例（28）、例（29）。无论是通过视觉还是听觉获知的事物，都通过"一＋量词重叠"逐一呈现出来，所以这里的量词重叠除了表示数量多，还体现了宾语所表示的事物逐一呈现的特性，也体现出通过逐一呈现而使宾语具有了"存在"的特性，从而证实了宾语作为存现主体的身份。"是"字判断句只是对主语做出判断，是说话者对主语表示的事物做整体观察后的判断，并不体现说话者观察宾语所表示事物的方式或路径，所以句中宾语前的量词不能重叠。

"是"字存在句宾语前的数量短语"数词＋量词重叠"中的数词只能是"一"，而不能是其他数词，因为只有"一＋量词重叠"才能体现事物逐一呈现的特性。另外，如果宾语前的量词重叠，当宾语是通过视觉感知到的事物时，数词"一"不能省略，因为通过视觉可以一下看到场景中的所有事物，如果省略了数词"一"，量词重叠只能表示事物数量多，而不能表示逐一呈现，没有体现事物

是存在的，但是如果宾语是通过听觉感知到的事物，数词"一"可以省略，因为声音是以线性排列的方式感知的，即使省略了数词"一"，也不妨碍体现逐一呈现的特性。例如：

（34）＊路边是排排排列整齐的树木。

（35）＊海面上是层层泛着白沫的海浪。

（36）耳旁是声声亲切的呼唤。

（37）身边是阵阵海涛声。

## 四、"全量范围副词＋是"表示图形与背景重合

"是"字存在句和"是"字判断句中的"是"前面都可以加上表示周遍性的全量范围副词"都、皆、全、尽、满"，但是在语义表达的明确性方面有所不同。例如：

（38）耳边全是孩子们的笑声。——存在句

（39）街道上都是黑压压的人群。——存在句

（40）在场的人全是这家公司的员工。——判断句

（41）我们都是一家人。——判断句

虽然例（38）和例（39）中的周遍性全量范围副词"全"和"都"的语义分别指向主语和宾语，但是真实的情况是"周围除了孩子们的笑声外还存在其他声音""街道上除了人群可能还存在其他事物"，但是这些"其他声音、其他事物"都被说话者忽略了，这可以用图形-背景理论和图示理论加以解释，这里的图形指存在句中的存现主体（宾语），背景则指存在句中存现主体所在的场所（主语），当存现主体呈现多个实体时，在足够远的距离里我们的视觉会将之感知为聚集，此时背景被图形全部覆盖，例（39）就是这种视觉经验的体现，人群中的每一个人都是独立的个体，但是这些个体聚集在一起时作为整体被感知。其实不光是视觉会产生这样的体验，听觉也会产生同样的体验，如例（38）中说话者听到的"孩子们的笑声"并不是具体每一个孩子的笑声，孩子们的笑声聚集在一起作为整体被感知。这种情况下多元实体得以突显，其他的事物则被掩盖和忽略了。因此，"是"字存在句中动词"是"前面的周遍性全量范围副词不具有确指

性，其指向范围相对模糊。

从语义指向的角度来看，"是"字存在句中动词"是"前面的范围副词"都、皆、全、尽、满"既可以前指也可以后指，前指指向处所词语，指处所词语代表的所有范围，如例（38）；后指指向"是"字之后的宾语，指其代表的事物数量众多，如例（39）。"是"字判断句中"是"前面的范围副词"都、皆、全、尽"的语义只能前指，不能后指。另外，"是"字判断句中的"是"前面不能使用范围副词"满"，因为"满"带有空间义，前指时，只能前指"是"字存在句句首的处所词语，而"是"字判断句句首的名词性成分不表示处所，不能接受"满"的修饰，如例（40）和例（41）中的动词前不能使用副词"满"。

从句中动词前的范围副词是否具有确指性来看，"是"字存在句中的范围副词没有确指性，如例（38）和例（39）中的处所词语"耳边"和"街道上"，以及宾语"孩子们的笑声"和"黑压压的人群"都不是确指。但是"是"字判断句中动词前的范围副词的指向都有明确的目标，如例（40）和例（41）中动词前的范围副词指向"在场的人"和"我们"，语义指向具有确指性。

如果从图形-背景理论出发，"是"字存在句的名词性宾语成分表示图形，句首的处所词语表示背景。当句中动词前的范围副词是表示全量的"都、皆、全、尽、满"时，图形与背景重合，即图形完全覆盖于背景之上。

## 五、"是"字存在句是对场景的描写

"是"字存在句表示某处存在某物，所以它一般用于场景的描写，是客观场景被说话者感知后再通过语言把说话者的感知经验表述出来，既具有客观描述性，又带有主观判断性；而"是"字判断句更趋向于主观判断，是对事物属性的陈述。例如：

（42）墙上是一幅画儿。——存在句

（43）对岸是一片片农田。——存在句

（44）这款 App 是大家常用的软件。——判断句

（45）这个小区是二十多年的老小区。——判断句

## 六、"是"字存在句有判断的意味

"是"字存在句虽然是存在句中的一种，但是句中的动词"是"具有表示判断的功能。不过整个句子更多的是表示某处存在某物，具有强存在性，而表判断的功能趋弱，具有弱判断性。我们这里说的"是"字判断句则只表示判断，不表示存在，具有强判断性。从原型理论的角度来看，"是"字存在句既是存在句范畴中的成员，也是判断句范畴中的成员，只是在存在句范畴中"是"字存在句是典型性较高的成员，在判断句范畴中"是"字存在句是典型性较低的成员，所以"是"字存在句一般被看作存在句中的一种。"是"字判断句则有所不同，"是"字判断句在判断句范畴中典型性非常高，属于原型成员，因此它不能作为其他相邻范畴中的成员，也就是说"是"字判断句只能是判断句，而不会是存在句。例如：

（46）前面是55路公交车站。——存在句

（47）超市旁边是便民服务中心。——存在句

（48）中国是一个历史悠久的文明古国。——判断句

（49）便民服务中心是近年来全国农村新兴的一种服务农民、服务农业、服务农村的地方组织机构。——判断句

例（46）既表示"前面存在55路公交车站"，也隐含说话者对所陈述事件的判断，即"前面存在的是55路公交车站"。同样，例（47）既表示"超市旁边存在便民服务中心"，也隐含说话者对所陈述事件的判断，即"超市旁边存在的事物是便民服务中心"。例（48）和例（49）则只表示判断，没有存在的含义。

由此可见，"是"字存在句除了具有存在句范畴的属性特征外，还具有判断句范畴的属性特征，而"是"字判断句只有判断句范畴的属性特征，没有存在句范畴的属性特征。作为判断句中的原型成员，"是"字判断句是判断句范畴的认知参照点，所以说到"是"字句时人们一般优先理解为判断句，甚至直接把"是"字句看作判断句，但是如果"是"字句表示某处存在某物时，就需要特别说明其是存在句。

# 20. "是" 字存在句和 "有" 字存在句有何不同?

"是"字存在句表示某一空间存在某事物,并且该事物是那个空间唯一存在的事物,或者说是说话人在某个空间感知到的唯一事物。"有"字存在句也表示某空间存在某事物,但是这个事物不一定是唯一存在于该空间的事物,可能还有其他事物存在于该空间。例如:

(1)地上是一张写着密密麻麻的字的小纸条。

(2)地上有一张写着密密麻麻的字的小纸条。

例(1)中的存现主体"小纸条"具有唯一性或排他性,该句表明说话人的注意力集中于纸条上,相同处所存在的其他事物都被排除在感官之外,在说话人的认知中,纸条是地上唯一存在的事物。而例(2)中的存现主体"小纸条"不具有唯一性或排他性,说话人不只看到了纸条,还看到地上有其他东西。

"是"字存在句中的存现主体具有唯一性,这种唯一性带有主观色彩,它指的是说话人的主观感觉,但并不一定是事实,有时候是因为说话人的视觉或者听觉只感知到某个空间中的某个事物,但是没有看到或听到同一个空间里存在的其他事物,有时候是因为说话人的注意力只集中在某一事物上,而没有关注其他的事物,所以在说话人的心中句子中的存现主体是唯一出现的事物。

"是"字存在句表示否定时,可以在动词"是"前加否定词"不",但是不能加否定词"没";"有"字存在句表示否定时,则只能加否定词"没",不能加否定词"不"。例如:

(3)她的衣服上不是这个图案。

(4)她的衣服上没有这个图案。

因为"有"字存在句对使用环境没有特殊的要求,所以其使用频率比"是"字存在句高。有些语境中,一般只使用"有"字存在句,而不太使用"是"字存在句。例如:

(5)电脑里有一些公司的文件。

我们很少说"电脑里是一些公司的文件",这是因为一般情况下,电脑里可能存有各种文件，而不仅仅限于某一类文件。

"是"字存在句中的动词"是"后面不能加"着、了、过"等体标记，而"有"字存在句中的动词"有"后面可以加体标记"着、了、过"。动词"有"后面加体标记"着"时不只表示存在，还附带说话人的主观判断，表明说话人认为存现主体与众不同或十分珍贵。例如：

（6）这里有着丰富的矿藏资源。

（7）这个国家有着悠久的历史和灿烂的文化。

动词"有"后面加体标记"过"时，表示某事物曾经存在过，但是现在已经不存在了。例如：

（8）这里曾经有过丰富的矿藏资源，但是现在已经全挖光了。

（9）小区里曾经有过专门用于锻炼身体的体育器械，但是后来被拆走了。

如果存现主体是某些一直存在的事物或是无法消除的事物，动词"有"之后就不能加"过"。例如：

（10）* 中国有过悠久的历史和灿烂的文化。

（11）* 这个地方曾经有过一段流传很远的传说。

"有"字存在句中，动词"有"后面可以加体标记"了"，但是添加"了"后就表示出现了新事物，这时句子就不再是存在句了，而是变成隐现句中的出现句。例如：

（12）迁居到这里的人越来越多，这里渐渐有了生机，有了活力。

（13）随着生活水平的提高，人们的脸上渐渐有了更多的笑容。

"是"字存在句和"有"字存在句的动词前都可以用副词或助动词修饰。例如：

（14）他的书包里也是书。

（15）他的书包里也有书。

（16）锅里应该是特意为你留下的菜。

（17）锅里应该有特意为你留下的菜。

用副词"都"修饰时，"是"字存在句和"有"字存在句有一些不同。例如：

（18）训练场上都是年轻人的身影。

（19）训练场上都有年轻人的身影。

例（18）中的"训练场"既可以只指某个训练场，也可以指所有的训练场；例（19）中的"训练场"指的是所有的训练场或每一个训练场。

"是"字存在句除了表示存在之外，还表示说话人的判断，具有主观性，而"有"字存在句只表示事物的存在，不表示判断，更具客观性。例如：

（20）晾衣竿上是他的衣服。

（21）晾衣竿上有他的衣服。

例（20）表示说话人对某处存在某物的主观判断，例（21）表示说话人对某处存在某物的客观描述。因此，在存在句范畴中，"有"字存在句的典型程度比"是"字存在句高。

"是"字存在句和"有"字存在句也有一些共同点。首先，由于这两种句子中的动词"是"或"有"都只是表示存在义，并不表示任何具体的存在方式，所以这两种句子的动词前一般不加表示状态的状语。我们可以对比以下例句：

（22）a. 前面是一排排学生宿舍。

　　　b. 前面整整齐齐地排列着一排排学生宿舍。

　　　c. * 前面整整齐齐地是一排排学生宿舍。

（23）a. 绕过围墙，眼前是一条细长的小路。

　　　b. 绕过围墙，眼前弯弯曲曲地延伸着一条细长的小路。

　　　c. * 绕过围墙，眼前弯弯曲曲地是一条细长的小路。

（24）a. 沙丘的背面有一弯月牙状的泉。

　　　b. 沙丘的背面安静地卧着一弯月牙状的泉。

　　　c. * 沙丘的背面安静地有一弯月牙状的泉。

（25）a. 桌子上有许多书。

　　　b. 桌子上乱七八糟地堆着许多书。

　　　c. * 桌子上乱七八糟地有许多书。

如果把状语后的结构助词"地"去掉，有的句子的可接受程度虽然有所提高，但还是不太高，有的句子则变成不合格的句子。例如：

（26）? 前面整整齐齐是一排排学生宿舍。

（27）? 绕过围墙，眼前弯弯曲曲是一条细长的小路。

（28）* 沙丘的背面安静有一弯月牙状的泉。

（29）? 桌子上乱七八糟有许多书。

"是"字存在句和"有"字存在句中的动词一般都不能重叠，但是如果在正反问句中，则可以重叠。例如：

（30）a. 左前方是我们的宿营地。

　　　b. 左前方是不是我们的宿营地？

（31）a. 笼子里是一条可爱的小狗。

　　　b. 笼子里是不是一条可爱的小狗？

（32）a. 这个洞穴里有奇怪的声音。

　　　b. 这个洞穴里有没有奇怪的声音？

（33）a. 花园里有一股淡淡的花香。

　　　b. 花园里有没有一股淡淡的花香？

"是"字存在句和"有"字存在句中的动词重叠不能是"AA式"或"A一A式"。这两种存在句在正反问句中动词重叠时中间加否定词"不"或"没"，如"是不是"或"有没有"。

"有"字存在句中表示某个处所存在多个存现主体时，可能多次出现动词"有"，但它们并不是严格意义上的重叠。例如：

（34）星期天的集市十分热闹，里面有卖吃的，有卖喝的，有卖穿的，有卖玩儿的……

（35）夏日的草原上有鲜艳的花朵，有碧绿的青草，有灿烂的阳光，有新鲜的空气……

"有"字存在句中，肯定形式和否定形式有时交替出现。例如：

（36）这里没有阴谋，没有算计，只有友情和亲情。

"是"字存在句表示某个处所有多个存现主体时，若无特殊的语境要求，动词"是"一般只出现一次。例如：

（37）这个大阶梯教室里是一班、三班和五班。

（38）这边是小李、小张和小王。①

（39）? 这个大阶梯教室里是一班，是三班，是五班。

（40）? 这边是小李，是小张，是小王。

有时对某一处所的某一事物赋予不同的名称时，"是"字句中的动词"是"可以多次出现，但是此时句中的存在义减弱，判断义增强，并且宾语部分皆为同指。例如：

（41）前方是无数人为之奋斗的理想，是民族的希望，是祖国的未来。

（42）那里是我们的亲人，是我们的骨肉同胞，是我们绝对不能遗弃的人。

# 21. "有"字存在句和"V有"存在句有何不同?

"有"字存在句和"V有"存在句的形式十分相似。在语义方面，它们都表示某处存在某物，句中都有动词"有"。不同之处在于"V有"存在句多了一个动词，用来表示具体的存在方式。

"有"字存在句只是表示一般的存在，"V有"存在句除了表示存在，还用动词突显事物存在的方式，"V有"存在句通常表示说话人对存现主体具有珍视感或慎重感。例如：

（1）桌腿上有许多繁复的花纹。

（2）桌腿上刻有许多繁复的花纹。

（3）书上有不少失传的古方。

（4）书上写有不少失传的古方。

（5）在同里镇随脚走走，很容易见到一些气象有点特别的建筑，仔细一看，墙上嵌有牌子，标明这是崇本堂，这是嘉荫堂，这是耕乐堂，这是陈去病故居。

——余秋雨《江南小镇》

"V有"存在句中的动词多为单音节动词，这和汉语中的韵律搭配规律有关。

---

① "是"字存在句表示某个处所有多个存现主体时并不违反存现主体的唯一性特征，因为说话人在说出每一个存现主体时，其关注点只集中在该存现主体上。

一般情况下，词语组合时单音节词经常和单音节词搭配在一起，少数情况下，也有"双音节动词/多音节动词+有"的组合形式。例如：

（6）a. 耳环上有许多碎钻。

　　　b. 耳环上镶有许多碎钻。

　　　c. 耳环上镶嵌有许多碎钻。

（7）a. 山洞里还有生过火的痕迹。

　　　b. 山洞里还留有生过火的痕迹。

　　　c. 山洞里还残留有生过火的痕迹。

"V有"存在句中，动词的动作性受到削弱，表示状态的功能得到突显。"V有"存在句中的动词常有放置义、制造义、含有义、携带义、珍藏义或隐藏义，一般情况下用来表示说话人认为存现主体是不同寻常的事物。"V有"存在句中除表示含有义的动词外，其他具有放置义、制造义、携带义、珍藏义或隐藏义的动词在该构式中都有花费时间和精力去做某事或特意去做某事之意。

表示放置义的动词有"放、停"等，表示制造义的动词有"画、缝、绣"等。例如：

（8）博物馆的展览柜里放有许多珍贵的文物。（放置义）

（9）洞壁上还画有一些动物。（制造义）

（10）他们的身上并不带有政务和商情，只带着一双锐眼、一腔诗情，在山水间周旋，与大地结亲。（携带义）　　　　　　　　　　——余秋雨《三峡》

（11）家里还藏有一些爷爷留下来的古董。（珍藏义）

"V有"存在句和其他存在句共现时，"V有"存在句往往有强调的意味，容易形成对比。例（10）中，前面的"V有"存在句是否定句，后面的"V着"存在句前有副词"只"，更加突显了对比的意味。

例（8）、例（9）、例（11）还可以变换为"V着"存在句。例如：

（12）博物馆的展览柜里放着许多珍贵的文物。

（13）洞壁上还画着一些动物。

（14）家里还藏着一些爷爷留下来的古董。

句式变换以后，句子的语义没有太大改变，但是仍产生了一些细微的区别。"V有"存在句中的"有"字突显了存现主体，有强调的意味；"V着"存在句中的助词"着"表示动作状态的持续，但是并没有特别地突显存现主体。

"V有"存在句中的动词表示的动作已经完成，但是该完成义是由"V有"存在句构式所赋予的，"V"和"有"都不能单独赋予完成义。

"有"字存在句和"V有"存在句都有一个对应的和其结构极其相似的领有句，区分句子是存在句还是领有句，主要需要辨析句首主语是施事主语还是处所主语，如果是施事主语，句子则是领有句，如果是处所主语，句子则是存在句。例如：

（15）他有一架音质非常好的钢琴。——领有句

（16）客厅里有一架音质非常好的钢琴。——存在句

（17）他藏有一幅宋代著名画家的水墨画。——领有句

（18）他家藏有一幅宋代著名画家的水墨画。——存在句

例（15）和例（17）中的主语"他"是施事主语，所以句子是领有句；例（16）中的主语"客厅里"和例（18）中的主语"他家"是处所主语，所以句子是存在句。

有时，主语是施事主语还是处所主语需要依靠语境才能判断，主语被识解为机构时，是施事主语，主语被识解为处所时，是处所主语。例如：

（19）这所学校有很多优秀的教师。——领有句或存在句

（20）故宫博物院藏有众多的古代文物。——领有句或存在句

例（19）中的主语"这所学校"和例（20）中的主语"故宫博物院"被看作机构时，句子是领有句，被看作处所时，句子是存在句。

"有"字存在句中的"有"后面可以加体标记"着"，"V有"存在句中的"有"后面不能加"着"，这是因为"着"在这里虽然主要表示状态的持续，但是也有动作正在进行的意味，而"V有"存在句中动词表示的动作已经完成或结束了，这和"着"表示动作正在进行的功能相矛盾，因此"V有"存在句不能加"着"，如我们不能说：

（21）*家里珍藏有着一幅古画。

（22）＊岩石上刻有着一首诗。

"有"字存在句加体标记"着"构成"有着"存在句，具有突显存现主体的作用。例如：

（23）他的脸上有着和其年龄不符的成熟和沧桑。

（24）中国古代典籍里有着极其丰富的典故。

加"着"的"有"字句有时不一定是存在句，也有可能是领属句。例如：

（25）《三国演义》中的诸葛亮有着非凡的智慧和口才。

（26）这个学校的学生一直有着一种永不服输的精神。

（27）我国有着悠久的历史和灿烂的文化。

（28）我们公司有着行业里最多的顶级设计师。

有时加"着"的"有"字句既不是典型的存在句，也不是典型的领属句。从原型理论的角度进行分析的话，存在句和领属句是两个相邻的范畴，它们之间的界限并不清晰，两个范畴的领域有一定的交叉，在交叉的领域内出现的加"着"的"有"字句既有存在义，也有领属义。例如：

（29）这款车的设计有着鲜明的时代特点。

（30）这个省份有着众多的湖泊和森林。

（31）我们公司一直有着拼搏的精神。

在交叉的领域内出现的"有"字句句首名词性词语一般是表示抽象概念的词语，如例（29）；但也可能是表示某个机构或组织的词语，如例（30）、例（31）。这些词语一般不带方位词，它们既可以被理解为一般事物，也可以被理解为存现处所，也就是说它们同时具有一般事物和处所的双重属性，这使得这类"有"字句兼有存在和领属的含义，可以看作是一种非典型的存在句或非典型的领属句。

"有着"存在句的宾语一般都不是光杆名词，通常情况下，名词前面有表示修饰或描写的定语，虽然数量短语也可以做定语，但是常常需要和其他表示修饰或描写的定语一起出现。例如：

（32）a.脸上有着一种说不出来的表情。

　　　b.？脸上有着一种表情。

　　　c.脸上有着说不出来的表情。

（33）a. 现场有着一种让人窒息的感觉。

　　　b. ? 现场有着一种感觉。

　　　c. 现场有着让人窒息的感觉。

例（32）、例（33）中，a 句的存现主体前有数量短语和表示修饰或描写的定语，句子的可接受程度非常高；b 句的存现主体前只有数量短语做定语，句子的可接受程度比较低，即使可以出现，也有额外的语境要求，这是因为"有着"存在句突显存现主体，需要修饰性的或描述性的定语来对存现主体的细节进行修饰；c 句的存现主体前只有修饰性的或描述性的定语，而没有数量短语，可接受程度比 a 句要低一些，但是又比 b 句要高一些。

"有"字存在句和"V 有"存在句的出现环境也有所不同。"有"字存在句更多地出现在口语中，而"V 有"存在句因为表示说话人对存现主体具有珍视感或慎重感，所以更多地出现在书面语或比较正式的口语表达中。

"V 有"存在句的宾语是受事宾语，不能是施事宾语。例如：

（34）这个名单里包含有我们班所有人的名字。

（35）柜子里的文件袋里装有这届考生的所有试卷。

另外，"V 有"存在句中的宾语一般指在某处长时间存在的事物。例如：

（36）这台电脑里专门安装有防范病毒和木马的软件。

（37）故宫博物院里藏有许多历代留存的书画珍品。

（38）这类木材中含有不少水分。

"V 有"存在句出现的频率并不高，因为"V 有"存在句表达的是某处存在不同寻常的某物，需要特殊的语境预设。而"有"字存在句一般没有特殊的语境要求，因此"有"字存在句的出现频率比较高。

# 22."V着"存在句和光杆动词存在句有何不同？

"V 着"存在句和光杆动词存在句在表达形式上十分相似，都表示存在主体以动词"V"的方式存在于某处，只是前者的动词后面多了一个体标记"着"。

如果在光杆动词存在句的动词后面加"着"，前面的处所词语因韵律要求需要变为双音节词。例如：

（1）塔呈圆形，状近葫芦，外敷白色。从几座坍弛的来看，塔心竖一木桩，四周以黄泥塑成，基座垒以青砖。　　　　　　　　　——余秋雨《道士塔》

（2）塔呈圆形，状近葫芦，外面<u>敷着</u>白色。从几座坍弛的来看，塔心<u>竖着</u>一木桩，四周以黄泥塑成，基座垒以青砖。

杨华春（2010）界定了光杆动词存在句中动词的类别，认为其中的动词都属于"非活动动词"，并且是"弱式无界动词"[①]。例（1）中的"外敷白色"和"塔心竖一木桩"都是光杆动词存在句，其中的动词"敷"和"竖"本身并不是典型的非活动动词，只是在这种构式中受到构式的压制，动词代表的动作行为已经完成并停止，只保留动作完成后留下的状态，动词看上去像非活动动词。"V着"静态存在句中的体标记"着"表示动作行为正处于持续的状态中，因此更加强调动作状态的持续，光杆动词存在句则强调动作完成后状态的保留。

"V着"静态存在句和光杆动词存在句的宾语既可以是施事，也可以是受事。例如：

（3）草地上躺着个人。（宾语为施事）

（4）草地上躺一人，穿着黑蓝的格子外套，看起来很年轻。（宾语为施事）

（5）画上题着首诗。（宾语为受事）

（6）画上题一诗，是唐朝柳宗元所写的《江雪》。（宾语为受事）

"V着"静态存在句中存现主体前的修饰语如果是数量短语，其中的数词"一"可以省略，如例（5）。光杆动词存在句中存现主体前的数量短语适合省略的不是数词"一"，而是量词，如例（6）。若省略数词，句子的可接受程度会降低。

"V着"静态存在句中的存现主体是施事时，句中的"着"不光表示状态的持续，还表示动作正在进行，这里的进行义能够强化存现主体的存在感，因此不需要数词"一"再次强调，所以"一"可以省略。[②]光杆动词存在句则因缺少

---

[①]　参见张先亮、范晓等《现代汉语存在句研究》，北京：中国社会科学出版社，2010年。

[②]　这里的数词可以强调个体，从而强调个体的存在感。

"着"，不能省略强调存在感的数词"一"，如例（7）。

（7）*草地上躺个人，穿着黑蓝的格子外套，看起来很年轻。

"V 着"存在句为动态存在句时，句中动词表示活动或变化，"着"表示动作正在进行，存现主体为施事，如果把"着"去掉，句子的可接受程度就会降低。例如：

（8）海面上刮着大风。

（9）海面上刮大风。

（10）窗外闪烁着火光。

（11）窗外闪烁火光。

"V 着"存在句中的动词可分为位移动词和非位移动词，动词为非位移动词时，句子是典型的存在句，动词为位移动词时，句子的典型性稍微减弱。

从语义上来说，"V 着"存在句的自足性较强，可单独成句，而光杆动词存在句的自足性较弱，一般需要和其他句子一起出现。

光杆动词存在句中的动词前如有修饰成分，可以把存现主体的存在形式具象化，强化句子表示存在的功能。例如：

（12）院落顶部拉着晾衣绳，斑驳的墙边斜靠一把梯子，院落打扫得很干净，看来经常有人住。

（13）河水湍急，河上横架一根圆木，这是当地人出村必经之地。

光杆动词存在句如果不是表示陈述，而是表示祈使、假设等情况，句子在时态上不表示现在，而是表示过去或将来，这类句子的宾语很少加修饰语，这和句子表示虚拟的存在有关，我们将这类句子称为虚拟存在句。例如：

（14）报刊放这边，杂志放那边，这样顾客才方便找到。

（15）要是车上放灭火器，就不会发生火灾。

（16）手机上装正版软件，就会更安全一些。

典型的存在句表示事物真实地存在于某处，虚拟存在句中的动词后面缺乏表示时态的"着"和"了"，无法证实其真实性，因此这种句子在存在句范畴中的典型性较弱。历来对存在句的定义中，基本上没有强调把真实性作为判断是否是存在句的依据，虚拟存在句虽然缺乏真实性，但其假设了存在的情景，句子的结构是"N<sub>处</sub>+V+N<sub>物</sub>",和典型的存在句一样,这种句子虽然在存在句范畴中的原型程度较低,但还是可以看作一种非典型的存在句。

# 23."V着"静态存在句和"V有"存在句有何不同?

"V着"静态存在句和"V有"存在句都表示静态的存在义,两个句子都表示某处以动词"V"所表达的方式存在某个事物,动词后都能带宾语。"V着"静态存在句有显性的体标记"着",强调动作状态的持续;"V有"存在句没有显性的体标记,但是"V有"存在句构式对句子中的动词语义形成构式压制,使动词具有完成义。例如:

(1)a.黑板上写着许多公式。

　　b.黑板上写有许多公式。

(2)a.毕业证上还留着学校的公章。

　　b.毕业证上还留有学校的公章。

(3)a.书签上印着淡淡的花纹。

　　b.书签上印有淡淡的花纹。

例(1)～(3)中的动词"写、留、印"都表示事物存在的方式,并且都能带宾语。

"V着"静态存在句中动词后面有体标记"着",强调动作行为持续展开,并随着时间的延伸而延续。"V有"存在句强调动作行为已经完成或实现,动作行为留下的状态得到保留。例如:

(4)a.石碑上刻着一段铭文。

　　b.石碑上刻有一段铭文。

(5)a.精巧的银钗上镶着一颗色泽温润的珍珠。

　　b.精巧的银钗上镶有一颗色泽温润的珍珠。

(6)a.书上印着许多精美的插画。

　　b.书上印有许多精美的插画。

"V着"静态存在句的使用范围较广，一般无特殊的语义或语用要求。"V有"存在句则表示说话人对存在的物体有珍视感或慎重感，句子一般有特殊的语境要求。在出现频率上，"V有"存在句比"V着"静态存在句要低很多。

"V有"存在句中的动词"V"一般都能进入"V着"存在句，但是"V着"存在句中的动词"V"并不完全能进入"V有"存在句，"V着"动态存在句中的动词"V"一般不能进入"V有"存在句。例如：

（7）a. 眼里闪烁着喜悦的光芒。

　　　b. * 眼里闪烁有喜悦的光芒。

（8）a. 水里游着一群群鱼。

　　　b. * 水里游有一群群鱼。

例（7）和例（8）中的动词"闪烁""游"都不能出现在"V有"存在句中。

"V着"存在句中的存现主体既可以是施事也可以是受事，但是"V有"存在句中的存现主体只能是受事，不能是施事。如例（7）和例（8）中，a句的存现主体"喜悦的光芒"和"一群群鱼"分别是动作"闪烁"和"游"的发出者，都属于施事。

我们认为"V"和"有"是两个词，但是这两个词在语义上紧密结合，两者之间具有因果关系，但在语义上更偏重于"V"，因此把"V有"看作述补结构更加合适。

"V有"句既可以表示存在，也可以表示领有。"V有"句在存在句范畴中的地位和在领有句范畴中的地位不同，"V有"句在存在句范畴中的地位比其在领有句范畴中的地位高，在领有句中"V有"句属于比较边缘的成员。也就是说，人们更容易把"V有"句看作存在句，而较少理解为领有句，之所以会这样，是因为"V有"句中的"V"具有强调事物存在方式的功能。

# 24. "路边建着房子"有几个意思？

"路边建着房子"表示路边存在着房子，房子存在的方式是用动词"建"来表达的。这里的动词"建"是一个非活动类动词，表示状态的持续，因此这个句子一般被看作静态存在句。

在宾语前加上数量短语时，该句表示存在的意味更浓。例如：

（1）路边建着一栋房子。

动词前加副词"正／正在／在"后，句中的动词变为活动类动词，句子也从存在句变为一般叙述句[①]。例如：

（2）路边正建着房子。

（3）路边正在建着房子。

（4）路边在建着房子。

有些静态存在句的情况则有所不同。例如：

（5）走廊上挂着画儿。

（6）黑板上写着字。

这类句子的动词前不能加副词"正在／正／在"。例如：

（7）*走廊上正在／正／在挂着画儿。

（8）*黑板上正在／正／在写着字。

例（5）和例（6）做一般叙述句时必须加上施事主语。例如：

（9）小王在走廊上挂着画儿。

（10）老师在黑板上写着字。

例（1）则不一定需要加上施事主语，这和人们的注意力有关。通常从事房屋建筑的人是建筑工人，他们被当作一个群体来识别，一般情况下较少有人关注到这个群体中具体的个人是什么身份，施事主语可以被省略。而例（9）和例（10）中的动作一般是由个体来完成的，个体的具体身份容易被人注意到，因此

---

① 存在句也可以是叙述句，但是存在句不是典型的叙述句。本节所说的"一般叙述句"是叙述句中的典型表达，有别于存在句。

一般不能省略施事主语。

　　另外还有一类存在句在形式上和我们上面分析的存在句完全一样，也是"N<sub>处</sub>+V+着+N<sub>物</sub>"，这类存在句存在歧义，可以根据不同的语境理解为存在句或一般叙述句。例如：

　　（11）琴房里弹着琴。

　　（12）教室里上着课。

　　（13）考场里考着试。

　　（14）礼堂里开着庆功会。

　　（15）湖上划着船。

　　它们不能变换为"N<sub>物</sub>+V+在+N<sub>处</sub>"。例如：

　　（16）*课上在教室里。

　　（17）*试考在考场里。

　　（18）*庆功会开在礼堂里。

　　（19）*船划在湖上。

　　在被理解为一般叙述句时，处所词语做状语，可以在这类句子中加上施事主语，还可以在动词前加上副词"在/正在"。例如：

　　（20）教室里老师在/正在上着课。

　　（21）考场里学生们在/正在考着试。

　　（22）礼堂里公司员工在/正在开着庆功会。

　　（23）湖上他们在/正在划着船。

　　做存在句时，这类句子可以被看作受事宾语动态存在句，动词前可以加副词"在/正在"，但是不能加施事主语。例如：

　　（24）教室里正在上着课。

　　（25）考场里正在考着试。

　　（26）礼堂里正在开着庆功会。

　　（27）湖上正在划着船。

　　这类句子中的"V着"表示动作正以一种动态的方式呈现，一些学者将这类句子称作动态存在句。因为这种动态的呈现方式也可以被理解为动作正在进行，所以一些学者认为这类句子不是存在句。如果从原型理论的观点来看，静态存在句和施事宾语动态存在句在存在句范畴中的典型性较高，而受事宾语动态存在句在存在句范畴中的典型性则较低。

除此之外，还有另外一类结构相同的句子。例如：

（28）电影院里放映着一部电影。

（29）收音机里播放着音乐。

（30）灶上烧着水。

（31）天上放着一只风筝。

例（28）～（31）也不能变换为"$N_物 + V + 在 + N_处$"。例如：

（32）* 一部电影放映在电影院里。

（33）* 音乐播放在收音机里。

（34）* 水烧在灶上。

（35）* 一只风筝放在天上。

做存在句时，这类句子可以在动词前加上副词"在 / 正在"。例如：

（36）电视里在 / 正在播放着一部电影。

（37）收音机里在 / 正在播放着音乐。

（38）灶上在 / 正在烧着一壶水。

（39）天上在 / 正在放着一只风筝。

这类句子一般不在动词前加施事主语，这或者是因为句子中的施事难以确定，如例（36）和例（37）；或者是因为不需要把施事主语表达出来，如例（38）和例（39）。

因为这类句子难以补出施事主语或不需要补出施事主语，所以它们在一般叙述句范畴中的典型性比例（12）～（15）低，而在存在句范畴中的典型性比例（12）～（15）高。

根据以上分析可以看出，"$N_处 + V$ 着 $+ N_物$"构式能变换为"$N_物 + V + 在 + N_处$"构式并不是存在句的必要条件。当被理解为一般叙述句时，有的句子可以加上施事主语，并在动词前加上副词"在／正在"，如例（20）～例（23）；当被理解为存在句时，有的句子可以在动词前加上副词"在／正在"，但不能加施事主语，如例（24）～（27）。有的句子同时具有存在句和一般叙述句的属性和功能，句子是一般叙述句还是存在句要根据所在的语境进行判断，但是它们在一般叙述句范畴和存在句范畴中的典型性存在一定差异。

# 25. "山里来了人"和"村里来了人"有何不同？

"山里来了人"和"村里来了人"两个句子除了句首的处所词语不同之外，其他成分完全相同，句子的句法结构也完全一样，它们都属于隐现句中的出现句，表示某处出现了某物，但是这两个句子也存在不同之处。"山里来了人"存在歧义，该句既可以理解为"从山里来了人"，也可以理解为"有人来到了山里"。句子中的动词"来"表示句中的宾语"人"出现了位移，如果按第一种意思理解，处所词语"山里"表示位移的起点，如果按第二种意思理解，处所词语"山里"表示位移的终点。在"山里来了人"这个句子中，第一种意思的表述具备源点和位移轨迹两个条件，句中源点为"山里"，位移轨迹就是动词"来"表示的移动轨迹；第二种意思的表述具备位移轨迹和终点两个条件，其中位移轨迹就是动词"来"表示的移动轨迹，终点用处所词语"山里"表示。

处所词语表示终点时，更符合出现句"某处出现了某物"的语义，在出现句范畴中具有典型性，而把处所词语当作起点理解时，则不太具有典型性。这是因为出现句范畴表示某处出现了某物，"山里来了人"如果理解为"从山里来了人"，句子强调的是位移的起点，并以"山里"作为正在位移的事物的背景，句子语义中虽然隐含位移的终点，即位移主体到达的位置，但是并没有在句子中以显性的方式加以表达，所以即使把这个句子看作出现句范畴中的成员，也只能是一个不太典型的成员。

"村里来了人"中的处所词语"村里"在一般语境中理解为位移的终点，该句出现的两个条件是位移轨迹和终点，其中位移轨迹就是动词"来"表示的移动轨迹，终点由处所词语"村里"表示。因此该句只表达某处出现了某物，一般没有其他歧义。

为什么这两个句子都表示出现却如此不同？这和我们认知上的优势理解有关，这种认知方式中隐含语用因素。在一般语境中，"村里"是人们的聚居地，说话人更加关注聚居地的人，也更加容易从聚居地的人的视角来观察事物，所以人们的聚居地更容易被看作位移的终点。而"山里"则因为地处偏远，在实际生活中一般不是典型聚居地，所以既可以被看作位移的起点，也可以被看作位移的终点。

另外还有一类句子也可以做类似解释。例如：

（1）上面来了人。

（2）省里来了人。

例（1）的显性表达中只有起点和位移轨迹，没有位移的终点，这里的"上面"只能理解为位移的起点，这也和语用因素相关。"上面"指的是上级机构或组织所在地，一般情况下上级机构或组织可能会派相关人员到下级机构或组织进行调研，因此"上面"表示的是位移的起点。例（2）中，省级单位在行政单位中处于中间位置，相对于中央政府来说属于下级单位，但相对于市级单位或县级单位来说属于上级单位，这个句子既可以理解为"有人从上级单位来到省里"，也可以理解为"省里有人到下级单位"。因此，"省里"既可以被当作位移的起点，也可以被当作位移的终点，例（2）的表述可以被理解为两种情况，一种是有起点和位移轨迹，另一种是有位移轨迹和终点。

如果用图形-背景理论来解释的话，当处所词语表示位移的起点时，对于说话人来说，这个起点并不是真实的背景，真实的背景是位移的终点；当处所词语表示位移的终点时，这个终点才是位移物体的背景。

因为出现句一般被界定为表示某处出现了某物，上文分析的句子中，当处所词语表示位移终点时，句子的语义完全符合这个定义，是典型的出现句；当处所词语表示位移起点时，处所词语所表示的场所并不是位移主体出现的场所，而只是位移主体的来处，位移主体真正出现的场所是观察者所在的位置，在句子中没有显性的语言表达形式，因此这样的句子并不是典型的出现句。

# 26. "门外进来了一个人" 和 "屋里进来了一个人" 有何不同？

从 "门外进来了一个人" 和 "屋里进来了一个人" 两个句子描绘的情景来看，似乎没有什么不同。从语言的表达来看，两个句子的句首处所词语不太一样，一个是 "门外"，一个是 "屋里"。在隐现句中，"从+处所词语" 可以表示位移发生的起点，为了确定这两个处所词语表示的是位移的起点还是位移的终点，我们在这两个句子前面加上介词 "从"。例如：

（1）从门外进来了一个人。

（2）* 从屋里进来了一个人。

例（1）可以成立，而例（2）完全不能成立。由此可见，"门外进来了一个人" 一句中出现了位移主体的位移起点和位移轨迹，处所词语 "门外" 是位移的起点。"屋里进来了一个人" 一句中出现了位移主体的位移终点和位移轨迹，处所词语 "屋里" 是位移的终点。

我们还可以从其他方面进行验证。这里我们要考虑到观察者的位置。从 "门外进来了一个人" 中的处所词语 "门外" 和动词 "进来" 可以推测出观察者在 "门内"，即房间里。"进来" 中的补语 "来" 表示位移主体向观察者所在位置移动，因此可以判断 "门外" 是位移主体的位移起点。如果观察者在房间外，句中的动词 "进来" 就需要改为 "进去"，同时，句子一般表述为 "有一个人进屋里去了"。同样，从 "屋里进来了一个人" 中的处所词语 "屋里" 和动词 "进来" 可以推测出观察者在屋子的里面，因为如果观察者在屋外，就看不到屋里的情景，也不可能看到位移最终的结果，另外 "进来" 中的补语 "来" 表示位移主体向观察者所在位置移动。由此可以推测，"屋里" 是位移的终点。

从语义的表达方面看，这两个句子的侧重点也有所不同。"门外进来了一个人"中，观察者关注的是位移主体进行位移的过程，观察到的是位移主体从一个空间到另一个空间的转移轨迹。"屋里进来了一个人"中，观察者关注的是在某处出现了某物，两个句子中的动词"进来"虽然形式完全相同，但是语义的侧重点却有所不同。"门外进来了一个人"中的"进来"表示的是位移的轨迹或位移的过程。"屋里进来了一个人"中的"进来"强调的是事物的出现和出现的处所。因此，从这个角度来说，"屋里进来了一个人"是典型的隐现句，而"门外进来了一个人"并不是典型的隐现句。

如果从背景和图形的角度来考虑，两者的图形是一样的，即都指向位移主体"一个人"。虽然这两个句子的处所词语不一样，但是背景是一样的，都指观察者所在的位置。"门外进来了一个人"中的处所词语"门外"是位移的起点，但并不是位移主体的主要背景，位移的主要背景是相对于终点（观察者所在的位置）而言的。① "屋里进来了一个人"中的处所词语"屋里"是位移的终点，同时也是观察者所在的位置，是位移主体的背景。观察者描述整个事件时，把自己当作事件的参与者放入事件发生的过程中，使自己也成为背景的一部分。

从语用的角度来看，这两个句子描述的事件对观察者的心理影响程度也不太一样。"门外进来了一个人"描述了位移的起点，而没有强调位移的终点，即观察者所在的位置，所以对观察者的心理影响并不大。"屋里进来了一个人"强调了位移的终点，而该终点是观察者所在的位置，因此位移事件的发生对观察者的心理影响相对较大。

# 27. "窗户上贴过窗花"和"窗前闪过一道亮光"有何不同？

这两个句子都是"N<sub>处所</sub>+V+过+N<sub>存现主体</sub>"结构，"窗户上贴过窗花"是经

---

① 物体在移动过程中有多个背景，这些背景随着物体的移动不断变换，句中的动词"进来"表示观察者是以自己所在的位置为背景的。从这个角度看，句中的主要背景应该是观察者所在的位置。

历体存在句,"窗前闪过一道亮光"是一个隐现句。"窗户上贴过窗花"中的"过"是体标记,表示曾经存在过某状态,但是现在该状态已经不存在了。"窗前闪过一道亮光"中的"过"是趋向动词,有"通过、经过"之意。能够进入"V过"存在句的动词受构式压制,都表示静态,并且具有持续义;能够进入"V过"隐现句的动词都表示动态,具有瞬间义。"V过"存在句中的宾语可以是施事也可以是受事,但是"V过"隐现句中的宾语只能是施事。"V过"隐现句中动词表示的动作具有突发性,而"V过"存在句中动词表示的动作没有突发性。例如:

(1)这个房间曾经住过许多人。——经历体存在句

(2)这个房间曾经挂过一幅非常好看的窗帘。——经历体存在句

"V过"隐现句表示某处出现了某物,该物存在并转瞬即逝。例如:

(3)眼前闪过一道亮光。——隐现句

(4)嘴角掠过一丝笑意。——隐现句

(5)前面拐角处闪过一道身影。——隐现句

这种"V过"隐现句和其他隐现句有所不同,其他隐现句只是表示某地出现或消失了某事物,但是"V过"隐现句表示某处突然出现某事物又瞬间消失,因此可以说"V过"隐现句同时具有出现义、存在义和消失义,但是在句子中突显了出现义而削弱了存在义和消失义。同时具有出现义和消失义,表明"V过"隐现句中的存现主体曾经有过极其短暂的存在,而一般的隐现句中只描述事物的出现或消失,并不强调其存在或存在时间的长短。如果是出现句,句子仅表示事物的出现,并不表明事物是否消失。例如:

(6)小米家突然来了一个客人。——出现句

(7)天上突然掠过一个影子。——隐现句

例(6)中的动词只表述了出现义,描述了存现主体"客人"的出现,但是并未表述"客人"存在的时间长短,也没有表述"客人"的消失。例(7)中的动词则描述了存现主体"影子"突然出现,并短暂存在过,但转瞬即逝。

由此可见,这类"V过"隐现句是一种非常特殊的句子,该类句子既不是典型的出现句,也不是典型的消失句,但因其突显了出现义,一般被看作出现句。

"V 过"存在句也不是典型的存在句，该构式描述某处曾经存在过某事物，因此，它具有历时性。一般存现句描述的是说话人说话时事物存在的场景，具有共时性。"V 过"隐现句中的动词一般是动态动词，但其一旦进入该构式，受构式的压制，动词就既具有动态性也具有静态性。当其表动态义时，句子表示事物的出现和消失，当其表静态义时，句子表示事物的存在。

"V 过"存在句中存现主体存在的时间一般可能距离说话的时间比较远，但是上述的"V 过"隐现句中的存现主体出现并消失的时间距离说话的时间有可能比较远，也有可能比较近。

# 28. "书上有答案" "书里有答案"和 "书中有答案"有何不同？

"书上有答案""书里有答案"和"书中有答案"都涉及空间表达，表示某空间存在某物。从图形-背景理论的角度来看，这三个句子中的背景表现的是不同的背景空间。

从这三个句子表达的内容来看，担任背景的空间可以排除点空间或线空间。根据人们认知中的百科知识，方位词语中的名词"书"在这里不涉及面积空间。因此，这里涉及的空间仅限于"面"和"体"。

"书上有答案"和其他两个例子的不同之处在于其背景表示的空间是平面，也就是说书是摊开放着的。根据这句话可以想象，其表达的情境是：书是摊开的，答案就在摊开的页面上。需要注意的是，有时候在说这句话时，书本其实并没有打开，但是在说话者的认知或想象中书本是打开的。与另外两个句子相比，这句话更容易出现在口语中。说话者在用口语传递信息时，从信息传递的准确性和快速性方面考虑，往往倾向于直接解决问题，倾向于用更加具体、准确的语言表达，即指向答案所在的页面。

"书里有答案"中的方位词"里"表示前面的名词"书"是一个有边界的容器。容器隐喻是一种常见的隐喻用法，这个句子里含有隐喻，即"书是容器"，而句子的宾语"答案"则被看作被容纳物，句子想表达的意思是"容器里有被容纳物"。此时，被容纳物"答案"被看作一个相对具体的事物，可以从容器里找到。这里的宾语也含有一个隐喻，即"答案是实体"，该句中的背景空间是体空间。

"书中有答案"的背景空间也是体空间。和"书里有答案"中的"书"被隐喻为容器稍有不同，"书中有答案"中的"书"指的是一个范围，但在这里也可以被看作一个不太典型的容器，同样属于容器隐喻，只是该容器的界限并没有得到强化或明确的标示。宾语"答案"存在于体空间范围中，但位置不太确定，这里也存在一个隐喻，即"答案是实体"。

另外，还有一些相近但是更为复杂的表达不仅有隐喻，还有转喻，如"书中自有颜如玉，书中自有黄金屋"。这里的隐喻是"书是容器"，转喻有"颜如玉"代表"美人"，"黄金屋"代表"财富"。"书中自有颜如玉，书中自有黄金屋"代表"读书就能够得到美人和财富"，这两句谚语通过隐喻和转喻之间的互动和协作，表达了丰富的概念结构。正因为如此，谚语给人一种表达简练、含义丰富的感觉。

我们分析的"书上有答案""书里有答案"和"书中有答案"这三个句子，其图形相对于背景来说都是静止的，但是图形和背景之间的位置关系不一样。"书上有答案"中的图形附着于背景之上，两者之间是附着与被附着的关系；"书里有答案"中的图形为背景所容纳，两者之间是容纳与被容纳的关系，背景有清晰的边界；"书中有答案"中的图形为背景所包容，两者之间是包容与被包容的关系，背景没有清晰的边界，此时背景更倾向于被看作一个边界模糊的范围。

另外，有时这三个句子表达的情景有可能是完全一样的，但是存在一些语用方面的细微差异。"书上有答案"一般出现在书已被打开、将要被打开或想象为已被打开的情景，适用的语境较广，一般的口语和书面语中都能使用。"书里有答案"一般表示说话人认为书里隐含或隐藏有答案，有慎重感，隐含需要付出时间和精力去获取答案之意。"书中有答案"则是告知或说明答案在书中这一情况，同样隐含需要付出时间和精力去获取答案之意，后两个句子适用的语境相对较窄。

# 29. 存现句中"桌子上""窗帘上""天上"中的方位词"上"有何不同?

方位词"上"具有多义性和复杂性,具体的含义需要根据出现的语境进行判断,我们先看一下例句:

(1)桌子上放着一盆花。

(2)桌子上挖了一个洞。

(3)桌子上掉了一块漆。

我们用图形-背景理论来进行分析,例(1)～(3)中的处所词语是背景,句末宾语是图形,三个例句中的方位词"上"表示不同的图形-背景关系。例(1)中的图形和背景具有附着关系,图形和背景都在水平方向,图形附着于背景之上,即"花盆"附着在"桌子上"。例(2)中的图形和背景具有嵌入关系,图形嵌入背景中,即"洞"嵌入到了"桌子上",图形和背景也在水平方向。例(3)中的图形和背景具有背离关系,图形背离于背景,即"漆"离开了"桌子"并与"桌子"背离。

除了考虑图形和背景的关系外,还需要注意观察取向。一般情况下,例(1)和例(2)中的观察者是以正常的姿势俯视桌子;例(3)中的观察者可能是以正常的姿势来观察,也可能是以蹲下身等姿势来观察,看到桌面或者是桌子的其他部位掉下一块漆。

再看其他的例句:

(4)窗帘上趴着一只小虫子。

(5)窗帘上粘了一层灰。

例(4)和例(5)中的图形和背景之间也是附着关系,但是背景的方向垂直于水平方向,并且背景不一定在一个平面上,比如窗帘的褶皱也可能被当作背景。通常情况下,背景一般是正面对着观察者,但例(5)的背景有可能是正面面对观察者,也可能是相反的方向面对观察者,如窗帘的背面做背景。

我们再来看一下关于"天上"的例句:

（6）天上有许多星星。

（7）天上飞舞着许多小虫子。

和例（1）～（5）相比，例（6）和例（7）中观察者的观察取向发生了变化，观察者要采取仰头的姿势才能看到天上。

例（6）中的图形和背景是附着关系，尽管不一定反映真实情况，但在观察者看来，"星星"是附着在"天上"的，而且是水平方向上的附着。而例（7）中的图形和背景没有附着关系，此时图形位于背景的上空（这里指从观察者的角度来看），只不过由于观察取向的改变，观察者是抬头仰望的姿势，图形和背景之间的位置和正常观察取向观看到的位置相反。例（7）中的场景也经常使用"天空中飞舞着许多小虫子"来表达，此时方位词变成"中"，背景和图形之间是容纳和被容纳的关系，"小虫子"被容纳于"天空中"，此处的"天空"已经被隐喻为一个边界不清晰的容器，存现主体"小虫子"被隐喻为被容纳物。

从本节的例句中，我们可以看到汉语中的方位词"上"具有比较复杂的多义性，这种多义性和图形与背景的关系（即存现主体和存现处所之间的关系）有非常大的关联，另外，其多义性还与观察者的观察取向有关。从方位词"上"范畴中成员的原型程度来看，例（1）中的图形和背景都在水平方向上，并且图形和背景是附着在一起的，这是该范畴中最典型的代表成员，容易成为人们认知上的参照点，对于第二语言学习者来说也是最容易习得的。

# 30. 存现句中"树下""枕头下"和"脚底下"有何不同？

和方位词"上"一样，方位词"下"也具有多义性和复杂性，我们先看一下在存现句中方位词"下"有哪几种含义。例如：

（1）树下种着几株月季花。

（2）树下埋着几坛酒。

我们同样用图形-背景理论进行分析，例（1）中的图形和背景是相伴关系，图形不在背景的正下方，而在背景的旁边偏下方，但是图形和背景没有直接接触，所以不具有附着关系。月季花种在离树不远的地方，可能在树冠下，也可能在树冠之外，"月季花"和"树"呈相伴关系，此时月季花应被看作位于地面以上，所以这里还隐含另外一个背景，即"地面"。例（2）中的图形和背景可能是相伴关系也可能是附着关系，图形可能在背景的正下方，也可能在背景的斜下方，图形的位置是一种语境预设，通过现场的视觉并不能感知到图形的位置。例（2）中作为图形的"酒"可能被埋在树的正下方，也可能在树的斜下方，但都是在地面以下，所以这里也隐含另外一个背景，即"地面"。

（3）枕头下藏着一封信。

例（3）中的图形与背景在一般的语境中是附着关系，但是附着的紧密度并不强。"信"和"枕头"是一种附着关系，但如果把枕头拿开，会产生背景转移现象，这时候信不是在枕头下，而是在床上，背景从"枕头"转换成"床"，此时"信"和"床"又形成了新的附着关系，语言表达形式也随之变为"床上放着一封信"。从例（3）中可以看出，在背景转换以前，我们只注意到前面的背景"枕头"，直到前面的背景消失后，才会注意到后面的背景"床"，但是后面的背景与图形的位置关系早已存在，只是没有被人们注意到而已。认知语言学认为语言表达形式反映了人的心理概念，人们没有注意到的东西不会在语言表达形式中展现，如果人们注意到了，语言表达形式也将随之发生改变。

（4）脚下踩了一个东西。

例（4）有两种含义：一种是图形和背景附着程度比较高，图形通过某种方式紧紧附着于背景上，如果想要看到图形，需要把脚底反转过来，即实现背景翻转，背景翻转后语言表达也有相应的变化，动词可变为"粘、贴"等动词，此时我们可能会说"脚上粘了一个东西"，方位词从"下"变成"上"；另一种是图形和背景的附着程度并不高，比如踩到了一块石头，抬起脚时发生了背景转移，背景从"脚"变成了"地面"，此时我们就会说"地面上有一块石头"。

通过上面的分析，我们可以看到存现句中方位词"下"的含义不但颇具复杂性，而且会随着情况的变化而发生改变，发生背景翻转或背景转移后，句中的方位词和动词可能就需要改变。

# 31. "村子前面建了一座高架桥"和"墙上挂了一幅标语"有何不同？

"村子前面建了一座高架桥"和"墙上挂了一幅标语"在结构上完全一样，都是"处所词语＋V＋存现主体"，在语义上都能表示某处存在某物。我们通过句式变换看一看它们有什么不同：

（1）墙上挂了一幅标语。

（2）墙上挂着一幅标语。

如果以变换后还是存在句为标准，那么例（1）可以变换为例（2）。例（1）变换为例（2）后，两个句子的意思看起来非常相似，但是在更加深层的语义上则有所不同。在存在句范畴中，例（2）属于典型性最高的静态存在句，例（1）没有例（2）的典型性高。

"墙上挂了一幅标语"既有实现义（或称完成义）也有存在义，根据语境的不同，句子可能存在偏向于其中某一个语义的现象。例如：

（3）走进教室，抬头一看，发现墙上挂了一幅标语。（偏向于存在义）

（4）昨天教室里还空空荡荡的，什么东西都没有，今天墙上就挂了一幅标语。（偏向于实现义）

如果没有语境的影响，"墙上挂了一幅标语"更容易被优先理解为存在句。

"墙上挂了一幅标语"类句子中的动词也有其特点，这类动词单独来看可以表示动作行为，属于非持续性动词，但是进入该类句子后，受到体标记"了"的影响，句中的动词表示动作已经完成，具有了实现义，同时还表示动作完成后的状态，具有持续性。这一点用构式理论也可以进行合理的解释，进入构式中的词语，因为受到构式压制，词语本身的功能有时会得到增强，有时会消失或减弱，此外，进入构式中的词语还可能会增加某些新功能。句中的动词"挂"在进入构式后，表示非持续性动作行为的动态义减弱，"挂"增加了一个新的语义，即存在义，表示动作完成后呈现的状态。从原型理论的角度来看，受临近范畴（表示完成义或实现义的句子范畴）的影响，"墙上挂了一幅标语"类句子中表示存在的属性或多或少受到了削弱，因此这类句子在存在句范畴中的典型性没有"V着"存在句高。

另外，我们也不能在例（2）中的动词前加上表示正在进行的副词"正""正在"或"在"，"墙上正／正在／在挂着一幅标语"是不合格的句子。

我们再把"村子前面建了一座高架桥"中的"了"变换为"着"。例如：

（5）村子前面建了一座高架桥。

（6）？村子前面建着一座高架桥。

例（5）和例（6）都是合格的存在句，它们的不同之处在于例（5）除了表示存在义外，还表示实现义，而例（6）则只表示存在义，且可接受程度比例（5）低。例（6）中的"建"前加上表示正在进行的副词"正""正在"或"在"时，句子可以成立。例如：

（7）村子前面正／正在／在建着一座高架桥。

例（7）虽然是正确的句子，但是如果看作存在句似乎不太合适，原因如下：首先，该句表达的意思是高架桥正在建设中，但是并没有完全建好，如果在建设初期甚至还没有高架桥或看不出高架桥的模样，句中的"高架桥"很难作为存现主体来看待；其次，句子可以在动词前补出施事主语。例如：

（8）村子前面，建筑工人正／正在／在建着一座高架桥。

例（8）是一个"状语＋主语＋动词＋宾语"结构的句子，其中的处所词语不是主语而是状语。例（8）可以在动词前加"正""正在"或"在"，并且动词"建"表示持续的动作，例（8）中的宾语"高架桥"是成事宾语，而不是动作的发出者，所以该句既不是"V着"动态存在句，也不是"V着"静态存在句。

"村子前面建了一座高架桥"既可以看作出现句，也可以看作存在句。该句宾语所表现的事物是通过动作"建"产生的，句中的动词"建"一般被理解为持续性动词，这表示高架桥的产生需要经历一个较长的过程，动词后面的体标记"了"体现了这个过程的完成。如果排除语境因素，句子的意思的确更倾向于表示事物的出现，此时该句可以看作出现句。但是如果放到特定语境中，该句也可以看作存在句。例如：

（9）村子前面建了一座高架桥，进出村子的交通变得十分方便。

例（9）强调高架桥建成后带来的影响，而这种影响（即"进出村子的交通变得十分方便"）是高架桥的存在带来的。这类句子表示因动作完成或实现而产生新事物，新事物的存在又带来了某种影响。所以，例（5）也可以看作完成体动态存在句，但是在存在句范畴中，其典型程度较低。

"墙上挂了一幅标语"和"村子前面建了一座高架桥"在存在句范畴中的地位有所不同，"墙上挂了一幅标语"拥有更多的存在属性，其典型性比"村子前面建了一座高架桥"高。用通俗的话来说，就是"墙上挂了一幅标语"表示存在的意味更浓，看起来更像存在句。这种差别和两个句子中的动词的词义有关，"墙上挂了一幅标语"中的"挂"涉及两个意思：其一，表示"挂"这个行为，表动态义，此时"挂"是瞬间动词；其二，表示悬挂，表静态义，此时"挂"是持续性动词。因为表示动态义的"挂"是瞬间动词，所以人们的关注点更多地放在了"挂"表示持续性的静态义上。而"村子前面建了一座高架桥"中的"建"是建造的意思，通过百科知识可以知道"建"这个动词表示的行为需要持续相当长一段时间，所以"建"在这里既表示动态义，也表示持续义。但是需要注意，该持续义只表示动作行为的持续，并不表示动作完成后持续的状态。

综上所述，从优势理解的角度来看，"村子前面建了一座高架桥"倾向于看作出现句，而"墙上挂了一幅标语"则倾向于看作存在句。这两个句子中的"了"换为"着"时，"墙上挂着一幅标语"是典型的静态存在句，"村子前面建着一座高架桥"的可接受程度则较低。这是因为"建"只表示持续性的动作义，而"挂"则既可以表示非持续性的动作义，也可以表示动作完成后呈现的状态。

# 32. "花园里种着许多花"和"花园里种了许多花" 有何不同？

　　"花园里种着许多花"和"花园里种了许多花"都属于存在句，表示某处存在某物，它们的不同之处在于动词后的体标记不同。"V着"句中同时具有动作实现态和事物存在态，但是它们并不处于相同的地位，前者是后者出现的条件，动作实现态是弱势动作实现态，事物存在态是强势事物存在态。句中的"着"虽然表示状态的持续，但是整个句子却隐含着动作已经完成之义，这个完成义是整个构式带来的，不是单个的词语义或全部词语义相加得来的，而存现主体是以动作完成之后状态持续的方式存在的，所以"花园里种着许多花"强调的是状态的持续。在"V了"存在句中，存现主体以"V"所表示的动作行为实现或完成后保留的状态作为存在方式。"V着"句和"V了"句中存现主体的存在方式并没有不同，只是"V着"句强调状态的持续，"V了"句强调动作完成或实现后留下了某种结果或影响，"花园里种了许多花"指动作"种"结束后留下的结果是"花园里有许多花"。所以在"V着"句中，存现主体的存在方式得以突显，但是在"V了"句中，存现主体的存在方式被弱化，动作完成或实现后留下的结果或影响被突显。试比较下列句子：

　　（1）a. 凉亭里摆着一张桌子。

　　　　　b. 凉亭里摆了一张桌子。

　　（2）a. 头发上系着一个蝴蝶结。

　　　　　b. 头发上系了一个蝴蝶结。

　　（3）a. 树下种着一些青草。

　　　　　b. 树下种了一些青草。

　　（4）a. 屋子周围围着一圈围墙。

　　　　　b. 屋子周围围了一圈围墙。

　　在动词的语义特征方面，"花园里种着许多花"中的动词"种"作为单独的动词来看是动态动词，但是在该句中"种"表现为静态，表示动作"种"完成后持续的状态，因此在该句中"种"的语义有 [-动态] 和 [+静态] 的特征。"花园里种了许多花"中的动词"种"作为单独的动词来看是动态动词，但是在该句中"种"既有动态义也有静态义，句子的动作实现态表示动态义，事物存在态表示静态义，因此其语义有 [+动态] 和 [+静态] 的特征。例（1）～（4）中的动词"摆、系、种、围"在"V 着"句中具有 [-动态] 和 [+静态] 的特征，在"V 了"句中具有 [+动态] 和 [+静态] 的特征。

"V 了"句和"V 着"句表现了不同的过程。"V 了"句中虽然既有动作实现态又有事物存在态，但是却是"强势动作实现态＋弱势事物存在态"，"V 着"句是强势事物存在态。"V 了"句的语义重心在动作实现态，"V 着"句的语义重心在事物存在态。"V 了"句表现了两个过程，即一个变化的过程（动作实现态）和一个持续的过程（事物存在态），这两个过程有因果关联，出现的顺序有先后之分，动作实现态先于事物存在态出现，且动作实现态是事物存在态的先决条件。"花园里种了许多花"是以动作"种"的完成作为先决条件，继而产生结果或影响，实现事物存在态。"V 着"句只表现了持续的过程，"花园里种着许多花"表达动作"种"完成后状态的持续过程，这个持续过程看上去就像"V 了"的第二个过程，但在两个句子中突显程度不一样。

这里的"V 着"句和"V 了"句虽然可以互换，但是根据上面的分析，互换后表现的过程不同，突显的语义重心有改变，在存在句范畴中的典型性也有所不同。另外，"着"和"了"的功能存在差异，"着"表示持续，"了"表示完成或实现，互换后两种句子不可能完全等同。在存在句范畴中，因为"V 着"句突显的是事物存在态，即突显存现主体以何种方式存在，而"V 了"句突显的是动作实现态，弱化事物存在态，即弱化存现主体以何种方式存在，所以"V 着"句是典型的存在句，"V 了"句是非典型的存在句。

# 第三部分　存现句偏误辨析

## 33. 能不能说"桌子有一本书"？

偏误例句：

\* 床坐着一个人。

\* 书包有一本书。

\* 屋出现了一个人。

\* 这个村子少了很多人。

"桌子有一本书"一句中存在偏误，句首表示处所的词语"桌子"后面缺少方位词，"桌子"是非处所词语，只能表示事物而不能表示处所，所以需要在其后加方位词。例如：

（1）桌子上有一本书。

存现句句首处所词语最常见的表达方式就是"名词+方位词"，名词中最典型的就是事物名词，事物名词出现在存现句句首位置时，需要加上方位词才能表示处所，单独的事物名词一般无法表示处所。例如：

（2）鞋子→鞋子里　枕头→枕头下　空气→空气中　屋→屋内

电脑→电脑里　手表→手表上　气氛→气氛中　杯子→杯子外面

镜子→镜子里　凳子→凳子上　风→风中　椅子→椅子前边

这类偏误的产生一般是因为目的语规则过度泛化。现代汉语中很多表示处所的名词可以直接放在存现句句首，后面不需要加方位词。例如：

（3）中国有高原，也有平原。

（4）上海建有许多高楼大厦。

例（3）中的"中国"和例（4）中的"上海"都可以直接做处所名词，汉语学习者接触到这种表达后，将其当作规则，并把这种规则广泛地运用到其他名词上。

　　方位词遗漏偏误可能出现在存在句中。例如：

　　（5）*床坐着一个人。

　　（6）*书包有一本书。

　　方位词遗漏偏误也可能出现在隐现句中，这会导致句子的可接受程度降低。例如：

　　（7）? 眼睛涌出泪水。

　　（8）? 这个计划遗漏了很多步骤。

　　产生此类偏误还可能是因为表示机构或组织的名词有时也可以加上方位词表示处所。例如：

　　（9）这所学校有很多优秀的老师。

　　（10）这所学校里有很多优秀的老师。（带方位词）

　　（11）这家博物馆藏有很多珍贵的文物。

　　（12）这家博物馆里藏有很多珍贵的文物。（带方位词）

　　例（9）～（12）中，如果句首词语不带方位词，在没有语境的情况下，难以确定句子是领有句还是存现句，如例（9）。当句首词语带上方位词时，这个句子就是存现句，如例（10）。当学习者看到这些名词既可以带方位词也可以不带方位词时，他们可能会倾向于选择简单的表达方式，回避较为复杂的表达方式，这其实也是一种有选择性的目的语规则过度泛化，也可称之为"选择型目的语规则过度泛化"。

　　此外，如果汉语学习者的母语中没有"名词+方位词"的表达方式，学习者可能会把母语中的相关规则迁移到自己的中介语中，这就可能导致此类偏误的产生，如英语用"介词+名词"的形式来表达方位，名词后面没有方位词，这可能会导致以英语为母语的学习者产生此类偏误。

　　总之这类偏误产生的原因是多样的，有的偏误是由单一因素引起的，而有的偏误可能是由多个因素共同引起的。

　　本节"偏误例句"中的句子可以改为：

　　（13）床上坐着一个人。

　　（14）书包里有一本书。

（15）屋里出现了一个人。

（16）这个村子里少了很多人。

# 34. 能不能说"窗台上、地板上、在桌子上，都摆放着鲜花"？

偏误例句：

\* 床上、桌子上、在椅子上，都放着书。

\* 左边、右边、在前边、后边，都是人。

\*301 寝室、302 寝室、在 303 寝室，都搬进来几位新同学。

\* 电脑里、移动硬盘里、从优盘里，都删掉了这个文件。

"窗台上、地板上、在桌子上，都摆放着鲜花"这个句子不能成立。句中的偏误出现在"在桌子上"，这里的介词"在"属于误加偏误，必须删掉，这是一个因目的语规则过度泛化而产生的偏误。为什么这里不能加介词呢？这是因为这个存现句句首有多个表示处所的词语，当存现句有多个处所词语时，可以分为两种情况，一种是处所在句子的线性表达中由大到小排列，即先确定一个比较大的区域，再不断缩小范围，最后定位到某一个具体的场所。例如：

（1）中国云南省昆明市西山区出现了一群从西双版纳过来的大象。

（2）这个公园中心景观周围建有许多凉亭。

例（1）中的"中国、云南省、昆明市、西山区"分别指四个不同的处所，这四个词语按由大到小的顺序排列，所指的处所从面积较大的区域逐渐缩小到较小的区域；例（2）中的"这个公园、中心景观周围"也是从大到小排列。处所词语中带介词时，介词一般放在第一个处所前。例如：

（3）在中国云南省昆明市西山区出现了一群从西双版纳过来的大象。

（4）在这个公园中心景观周围建有许多凉亭。

句首的某些词语表示机构或组织时，如果介词不放到第一个处所前而放到其他处所前，句子就不再是存现句，而是一般叙述句，如例（5）和例（6）。

（5）昆明市在西山区栽种了很多银杏树。

（6）这个公园在中心景观周围建有许多凉亭。

另外一种情况是有多个处所，它们不分大小，并列存在。这种类型的处所可以分为两种：一种是共指，一种是分指。"共指"是多个处所指向一个地方，"分指"是一个处所指向一个地方。例如：

（7）小区北门附近，靠右手边、小卖部门口突然冒出来一个摆摊的。（共指）

（8）大厅外、大厅里、楼梯上，都挤满了人。（分指）

共指型处所词语和分指型处所词语中的介词可加可不加。我们可以把介词加在任何一个共指型处所前，加介词的处所越靠后，强调的定位越精确。例如：

（9）在小区北门附近，右手边、小卖部门口突然冒出来一个摆摊的。

（10）小区北门附近，在右手边、小卖部门口突然冒出来一个摆摊的。

（11）小区北门附近，右手边，在小卖部门口突然冒出来一个摆摊的。

分指型处所词语中的介词可以同时加在每一个处所前，强调处所。例如：

（12）在大厅外、在大厅里、在楼梯上，都挤满了人。

此外，介词还可以只放在第一个处所前，此时介词的语义指向每一个处所。例如：

（13）在大厅外、大厅里、楼梯上，都挤满了人。

如果第一个处所前加了介词，其他的处所前就不能有的加介词，有的不加介词。例如：

（14）*在大厅外、在大厅里、楼梯上，都挤满了人。

如果第一个处所前没有加介词，其后的处所前就都不能加介词。例如：

（15）*大厅外、在大厅里、在楼梯上，都挤满了人。

（16）*大厅外、在大厅里、楼梯上，都挤满了人。

（17）*大厅外、大厅里、在楼梯上，都挤满了人。

从"窗台上、地板上、在桌子上，都摆放着鲜花"这个句子来看，学习者已经接触过"介词＋名词＋方位词"这样的结构，但是学习过这种结构并不意味着已经真正习得了这种结构。当出现比较复杂的语境时，比如多个处所同时出现，学习难度增加，学习者可能采用简化策略，把介词随意放到其中的一个处所后，有时即使碰巧把介词放到第一个处所之后，也并不意味着学习者已经习得了该结构，还需要进一步调查学习者在使用此类句子时是否会出现偏误。

根据以上分析，我们把本节"偏误例句"中的句子改为：

（18）床上、桌子上、椅子上，都放着书。

（19）左边、右边、前边、后边，都是人。

（20）301 寝室、302 寝室、303 寝室，都搬进来几位新同学。

（21）电脑里、移动硬盘里、优盘里，都删掉了这个文件。

# 35. 能不能说"在地板上一片狼藉"？

> 偏误例句：
>
> *在脸上一片木然的表情。
>
> *在心里一阵温暖。
>
> *在院子里一地月光。
>
> *在眼前一片漆黑。

"在地板上一片狼藉"一句中存在偏误，句中处所词语误加了介词"在"，这是一个误加偏误，引起偏误的原因可能是母语负迁移，学习者把母语中的规则迁移到了目的语中。例如：

（1）In the painting, there is a tiger.

（译文：那幅画儿里有一只老虎。）

（2）In my dream, there was a tree.

（译文：我的梦里有一棵树。）

（3）On the table, there is a cup.

（译文：桌子上有一个杯子。）

（4）At the party, there is dancing.

（译文：聚会上有舞蹈。）

这一偏误的产生也可能是因为目的语规则过度泛化，在汉语的一些存现句中，处所词语中可以带介词。例如：

（5）在梦中有一个人。

（6）在水里藏着一只虾。

（7）在手指上夹着一根香烟。

（8）在电脑上存着重要数据。

因此，学习者也可能把例（5）～（8）中的相关规则泛化到了无动存在句中，输出了"在地板上一片狼藉"这样的偏误句子。"在地板上一片狼藉"应改为"地板上一片狼藉"，这是因为无动存在句中的处所词语一般不能带介词。例如：

（9）花盆里一株亭亭玉立的梅花。

（10）墙壁上斑斑点点。

存在句一般会使用动词来表明事物存在的具体方式，而无动存在句因为没有动词，句子的处所词语和后面表示存在主体的名词性成分在语义上存在较强的关联性，如果此时在处所词语中带上介词，就显得比较多余。

本节"偏误例句"中的句子可以改为：

（11）脸上一片木然的表情。

（12）心里一阵温暖。

（13）院子里一地月光。

（14）眼前一片漆黑。

# 36. 能不能说"在世界上共有233个国家和地区"?

> 偏误例句：
>
> *在世界上有很多难以解释的现象。
>
> *在非洲中生活着不少野生动物。
>
> *在北京里有很多高楼大厦。
>
> *在中国里生活着五十六个民族。

存现句A段处所词语中的介词"在"有时可加可不加，有时却不能加，而有时又必须加。存现句句首名词性成分在其本身具有定位性时才能在前面加上介词"在"，介词"在"后面加上具有定位性的名词性成分时，可以起到强化定位的作用，因此，介词"在"虽然有定位的功能，但不能和不具有定位性的名词性成分搭配，如不能说"在桌子有一本书"。

"在世界上共有233个国家和地区"这个句子存在偏误，这是由目的语规则过度泛化和母语负迁移共同造成的。"世界上共有233个国家和地区"前面为什么不能加介词"在"呢？这是因为介词"在"在这里虽然具有强调处所的作用，也可以说具有强化定位的作用，但这里表处所的名词"世界"本身具有唯一性，一般不需要强化定位，如果没有特殊的语用要求，其前面不加"在"更显自然。如果表处所的名词前有修饰语，前面的介词"在"则可加可不加。例如：

（1）（在）我们所生存的这个世界上有着众多的珍禽异兽。

（2）（在）这个纷繁的世界上每天都发生着无数的怪事。

和"世界"近似的一些语义具有唯一性同时既可以表示事物也可以表示地点的词语也有类似的用法，如"宇宙"。特别是当处所词语的修饰语中出现"指示代词+量词"时，处所词语就拥有了一个近似于集合中"个体"的身份，得以具体化和明确化，此时介词可加可不加，如例（1）中的"这个世界"和例（2）中的"这个纷繁的世界"。有时即使修饰语中没有指示代词和量词，其他具有描写处所词语属性功能的修饰语也有使处所词语具体化和明确化的功能，能起到强调作用。这类处所名词前如果有修饰成分，加上同样具有强调处所功能的介词

"在"，能够起到强化定位的作用，但如果不加介词"在"，句子也能成立，只是强化定位的作用有所减弱。例如：

（3）（在）浩瀚的宇宙中有很多天体。

（4）（在）神秘的宇宙中存在众多的星系。

（5）（在）动物的世界里每天都出现弱肉强食的现象。

（6）（在）我们生存的世界发生过很多次战争。

有的名词不能进入"介词＋名词＋方位词"结构并成为存在句处所词语的一部分，如"非洲、北京、中国"等，但是有的名词可以进入该结构成为存在句处所词语的一部分，如"宇宙、地球"。例如：

（7）（从）宇宙中传来一阵神秘的声音。

（8）（在）地球上有着丰富的矿藏资源。

另外，有一些可以表示处所的名词，其语义并没有唯一性，这些名词本身可以被视为一个集合，集合中有众多的成员，如果名词前面的修饰成分为"指示代词＋量词"，可以使处所词语实现个体化或具体化，那么修饰成分前面可以加介词也可以不加介词，如例（9）、例（10）。如果名词前面出现其他成分充当修饰语，可以使处所词语实现具体化，前面的介词同样可加可不加，如例（11）、例（12）。

（9）（在）这片沙漠中有时会出现海市蜃楼。

（10）（在）这片森林里有很多珍稀动植物。

（11）（在）茫茫的沙漠中有时会出现海市蜃楼。

（12）（在）广袤的森林里有很多珍稀动植物。

处所名词前没有修饰成分但是后接方位词时，一般可以不加介词，如果需要强化定位，可以加上介词。例如：

（13）（在）沙漠中有时会出现海市蜃楼。

（14）（在）森林里有很多珍稀动植物。

需要注意的是，例（15）、例（16）中无论处所词语前有没有修饰成分，如果名词前面加"在"，后面必须加上方位词，否则句子可接受程度较低或句子不成立。例如：

（15）*在（茫茫的）沙漠有时会出现海市蜃楼。

（16）*在（广袤的）森林有很多珍稀动植物。

句首表示大洲、国家、城市、机构等的专有名词前可以加介词"在"。例如：

（17）在非洲有很多野生动物。

（18）在中国有许多名胜古迹。

（19）在巴黎有很多有名的博物馆。

（20）在云南师范大学还保存有西南联大旧址。

表示大洲、国家或城市的专有名词前加介词时，后面一般不能加方位词，如例（21）～（23），而其他表示地名的专有名词一般可以后接方位词做处所词语，如例（24）。

（21）*在非洲里有很多野生动物。

（22）*在中国里有许多名胜古迹。

（23）*在巴黎里有很多有名的博物馆。

（24）在云南师范大学里还保存有西南联大旧址。

一些倾向于被看作事物的名词，并不能单独表示处所，其后加上方位词时，就具有了表达处所的功能，如"桌子上、抽屉里、树下"等，在存现句中这类名词加上方位词时可以不加介词"在"。例如：

（25）桌子上有一本书。

（26）抽屉里藏着一幅画。

（27）树下站着一个人。

句首名词前加上介词时，有强化定位的功能。例如：

（28）在桌子上有一本书。

（29）在抽屉里藏着一幅画。

（30）在树下站着一个人。

这类名词前面的修饰语中如果出现"指示代词+量词"，可以强化该名词所指的个体，前面的介词可加可不加，但是必须后接方位词，如例（31）～（33）。

（31）（在）这张桌子上有一本书。

（32）（在）那个抽屉里藏着一幅画。

（33）（在）那棵树下站着一个人。

修饰语为其他成分时，同样具有定指的功能，前面的介词可加可不加，但是必须后接方位词，如例（34）～（36）。

（34）（在）窗边的桌子上有一本书。

（35）（在）左边的抽屉里藏着一幅画。

（36）（在）前面的树下站着一个人。

本节"偏误例句"中的句子可以改为：

（37）世界上有很多难以解释的现象。

（38）非洲生活着不少野生动物。

（39）北京有很多高楼大厦。

（40）中国生活着五十六个民族。

# 37. 能不能说"办公室门口在贴着考试通知"？

---

偏误例句：

＊箱子里在放着行李。

＊沙发上在盖着一块塑料布。

＊公园的小路上在走着一个人。

＊墙上在跳动着火光。

---

"办公室门口在贴着考试通知"一句中存在偏误，这个偏误就是动词前多加了一个副词"在"，这是一个误加偏误，之所以会出现这样的偏误现象，是由于目的语的一些相关规则过度泛化。例如：

（1）他在复习功课。

（2）大家在看电视。

（3）厨房里的师傅在做饭。

（4）他在睡觉。

例（1）～（4）中，动词前都有一个副词"在"，"在"在这里表示动作正在发生或进行，教师在教授"V 着"存在句时，往往告知学习者此类存在句表示某处以"V"表示的动作存在某物，动态助词"着"表示动作的持续状态，这样的说法很容易被学习者理解为动作正在进行。无论是"V 着"静态存在句还是"V 着"动态存在句，所描述的场景中的动作看起来都是正在进行的，这会让学习者无法分清楚"在"的真正用法，因此他们把"在"表示动作正在进行的语义迁移到了存在句中。

刘月华、潘文娱、故韡（2001）曾经归纳过动态助词"着"的几种情况。第一种，"着"表示动作的持续，这是一种动态的动作。例如：

（5）弯曲的山路上，一队士兵在飞快地跑着。

（6）小朋友们在舞台上欢快地跳着舞。

第二种，"着"表示动作的持续，并且持续的动作本身也表示一种状态。例如：

（7）门口站着很多人，不知道在干什么？

（8）会议室的最前排坐着参会的众位嘉宾。

第三种，"着"表示某事物作为动作的对象，受动作的影响后处于某种状态。例如：

（9）她的手链上刻着字。

（10）墙上画着一幅奇怪的画儿。

第四种，某些非动作动词加"着"后表示持续的状态。例如：

（11）至今乡下还保留着很多古老的习俗。

（12）馆里珍藏着古代的珍贵文物。

第五种，某些形容词后加"着"表示状态的持续。例如：

（13）这栋大楼的办公室里亮着灯，里面的人还在工作。

从上面的叙述中可以看到，动态助词"着"的主要功能是表示动作或状态的持续，状态持续给人的感觉是动作正在进行，学习者很容易把目的语规则过度泛化，这是此类偏误产生的最大原因。"V 着"动态存在句中因为"V"表示动态的动作，更容易受到影响，所以"V 着"动态存在句比"V 着"静态存在句中动词前加"在"的现象要更多一些。

本节"偏误例句"中的句子可以改为：

（14）箱子里放着行李。

（15）沙发上盖着一块塑料布。

（16）公园的小路上走着一个人。

（17）墙上跳动着火光。

# 38. 能不能说"树上有一个苹果"？

偏误例句：

*屋子前有一棵树，左边有一片果园，右边有一片菜地，前边有一条狭窄的小路，不远处有一望无际的稻田，远处有连绵的群山，天上有一朵朵白云，满眼有绿色，满心有欢喜。①

*正中有烟几，围着它横地竖地有方的、圆的、立体的、圆锥形的小凳和沙发。上面凌乱地有颜色杂乱的坐垫。沿着那不见棱角的窗户有一条水浪纹的沙发。在左边有立柜，食物柜，和一张小几，上面有些女人临时用的化妆品。墙上有几张很荒唐的裸体画片，月份牌和旅馆章程。地下零零散散的有报纸，画报，酒瓶和烟蒂头。在沙发上，立柜上有许多女人的衣帽，围巾，手套等物。间或也许有一两件男人的衣服在里面。食柜上杂乱地有许多酒瓶，玻璃杯，暖壶，茶碗。右角有一架阅读灯，灯旁有一张圆形小几，有一层一层的玻璃，有些烟具和女人爱的零碎东西，如西洋人形，米老鼠之类。

*门掩上了，堂屋里暗着，门的上端的玻璃格子里有两方黄色的灯光，落在青砖地上。朦胧中可以看见堂屋里顺着墙高高下下有一排书箱，紫檀匣子，有绿泥款识。正中天然几上，玻璃罩子里，有珐琅自鸣钟，机括早坏了，停了

---

① 本节的"偏误例句"来自完形填空练习。

多年。两旁有朱红对联，有金色寿字团花，一朵花托住一个墨汁淋漓的大字。在微光里，一个个的字都像浮在半空中，离着纸老远。

　　*围着一张方桌有六个人，上面有他的继母周氏和姑母张太太，左边有张家的琴表姐和嫂嫂李瑞珏，下面有大哥觉新和妹妹淑华，右边的两个位子空着。他和觉民向姑母行了礼，又招呼了琴，便在那两个空位子上坐下。女佣张嫂连忙盛了两碗饭来。

　　"树上有一个苹果"如果不放在具体语境中，可以看作一个正确的句子，但是如果放在具体语境中，句中有可能存在隐性偏误。根据现有的一些存现句偏误调查资料，在表达存在义的时候，无论母语背景如何，学习者使用"有"字存在句的频率都基本上达到或超过50%，这说明学习者倾向于选择"有"字存在句。

　　"树上有一个苹果"的近义表达还有以下方式：

　　（1）树上长出了一个苹果。

　　（2）树上长了一个苹果。

　　（3）树上长着一个苹果。

　　例（1）～（3）不仅表达了存现义，而且使用动词"长"表达了存现的方式，而"树上有一个苹果"只表达了存现义，没有表达存现方式，所以"树上有一个苹果"的表达方式要比例（1）～（3）更简单一些。学习者采用了回避策略，回避了复杂的表达方式，同时还采用了简化策略，选择了更简单的表达方式。目的语结构的复杂程度会对学习者产生较大的影响，相对于动词性短语来说，学习者更喜欢使用光杆动词，换言之，在多个近义表达形式中，学习者倾向于选择形式简单的表达。

　　很多学习者的母语中都有近似于汉语动词"有"的表达方式，有的表达方式甚至是一种典型用法，比如英语中的"there be"存在句，英语母语者学习汉语时，很可能把自己母语中这种典型用法的规则搬到汉语中，从而产生母语负迁移。

　　此类偏误的产生还有一个原因，即动词"有"表示存在，这是其较为典型的语义，同时"有"字存在句经常被高频输入，典型语义和高频输入也会导致学习者更多地使用"有"字句表示存在。

汉语中典型的存在句是"V着"存在句，"有"字句既可以表示存在，也可以表示领有，所以它不是最典型的存在句。在表示存在时，人们更多的时候是使用"V着"存在句，特别是在描述一个比较复杂的静止场景时，汉语母语者很少会只用单一的"有"字存在句进行描述。例如：

（4）梳妆台上红绿丝网络着银粉缸，银漱盂，银花瓶，里面满满盛着喜果。帐檐上垂下五彩攒金绕绒花球，花盆，如意粽子，下面滴溜溜坠着指头大的琉璃珠和尺来长的桃红穗子。

——张爱玲《金锁记》

另外，动词前如果有描写状态的状语，需要后接表现具体存现方式的动词，否则会导致状语和动词搭配不当，产生搭配方面的偏误。例如：

（5）a. 树上长长地垂下来一根翠绿色带着柳叶的枝条。

　　　b. * 树上长长地有一根翠绿色带着柳叶的枝条。

（6）a. 墙上斜斜地靠着一把梯子。

　　　b. * 墙上斜斜地有一把梯子。

（7）a. 大厅里乱糟糟地，站着、坐着、挤着很多人。

　　　b. ? 大厅里乱糟糟地，有很多人。

（8）a. 床上平平展展地铺着一床暗色的床单。

　　　b. * 床上平平展展地有一床暗色的床单。

（9）a. 他的身边密密麻麻地围坐了好几圈的人。

　　　b. * 他的身边密密麻麻地有好几圈的人。

因此，在一般语境中如果"有"字存在句连续出现的话，就可能存在隐性偏误。隐性偏误指看起来形式正确，但是并不符合语用规则的言语表达。从偏误分类来说，这类偏误属于误代偏误，即用"有"字存在句代替其他的存在句。

此外，还有两种句子中也容易存在偏误，我们先看一下正确的句子。例如：

（10）经过漫长的岁月演变，地球上渐渐地有了生命。

（11）这里有着其他地方所没有的极其特殊的地质风貌。

例（10）是表示出现义的"有了"隐现句，例（11）是表示存在义的"有着"存在句，在学习者的语料中较少出现"有了"隐现句或"有着"存在句，学习者通常使用"有"代替"有了"或"有着"。从形式上看这是一种误代偏误，也可以看作遗漏偏误。在学习者的语料中较少见到"有了"隐现句或"有着"存在句，可以推断学习者是因为没有完全掌握正确的使用方法，采用了回避策略，并采用了存现句中原型程度较高的"有"字存在句进行代替，使得出现句在学习者语料中变成了存在句，如例（12），也使表示珍视义或慎重义的"有着"存在句变成了"有"字存在句，如例（13）。

（12）＊经过漫长的岁月演变，地球上渐渐地有生命。

（13）这里有其他地方所没有的极其特殊的地质风貌。

我们在调查中还发现，学习者存在一种较为普遍的倾向，即他们喜欢使用存在句代替出现句，他们不光使用"有"字存在句代替出现句，也会使用其他的存在句代替出现句，只是相对而言，"有"字存在句出现的频率更高。①

学习者用"有"字存在句代替其他存现句还有几个主要原因：一是"有"字存在句形式较为简单；二是"有"字存在句指一种非常广义的存在义，而各类存现句中都或多或少含有存在义；三是教师及与学习者交际的汉语母语者对学习者产生影响。

在和第二语言学习者说话时，教师或其他汉语母语者的话语输入可能会出现和平时说话时不一样的特征，主要表现为：说话者对某种语言的语法规则进行结构范围内的简化，导致不合乎语法的话语简化。对于说话者来说，这样的简化很可能是下意识的，是一种普遍的简化策略。教师对学习者的第二语言水平非常敏感，他们一般会根据学习者的反馈对学习者的语言水平进行更加详细认真的评估，在说话时通过简化策略降低输入话语的复杂度和难度，以使自己的表达更加清晰，同时使交流得以顺利进行。这样的输入方式有利也有弊，一方面，它使学

---

① 学习者语料中一般不会出现"有"字存在句代替消失句的语料，这和人们的认知特点有关，某物在某处出现、存在、消失的整个过程中，人们更倾向于关注事物的出现和存在，特别是事物的存在往往引起较多的关注，而事物的消失得到的关注一般较少，甚至被忽略。因此，消失句不光本身出现频率较低，在第二语言习得过程中，也很少被存在句代替。

习者可以理解教师输入的话语，让学习者和教师能够进行互动；另一方面，教师无疑强化了话语形式的简化结构，加上学习者本身就具有使用简化策略的倾向，所以学习者更加容易将这种简化结构过度泛化，从而产生误代偏误，比如我们现在所说的"有"字存在句，在存现句范畴中它是一种相对比较简单的表达方式，教师在教学中解释某些更加复杂、典型性较低的存现句或在交流中表示某处存在某物时，经常使用替换法，用"有"字存在句来代替或解释其他存现句。除此之外，在和学习者说话时，母语说话者为了追求简化的效果，往往会牺牲语境条件的要求，或多或少地忽略语境因素，导致输入的话语不符合语法规则。因此，这类偏误也可以看作一种因为教学或交际而产生的偏误。

　　学习者语料中的"有"字存在句从单个的句子来看是正确的，但是并不一定说明学习者掌握了正确的规则。判断学习者输出的"有"字存在句是否有偏误，需要和汉语母语使用者的情况对比，这是找到隐性偏误最直接、最简便的方法。另外，语境也是判断很多隐性偏误的有效方法，因为"有"字存在句的偏误从形式上看是误代偏误，从深层结构上来说，这样的偏误也是语用偏误，我们可以利用语境来判断语用偏误。

　　本节"偏误例句"中的句子应该改为：

　　（14）屋子前种了一棵树，左边是一片果园，右边是一片菜地，前边蜿蜒着一条狭窄的小路，不远处是一望无际的稻田，远处是连绵的群山，天上飘着一朵朵白云，满眼绿色，满心欢喜。

　　（15）正中立着烟几，围着它横地竖地摆着方的、圆的、立体的、圆锥形的小凳和沙发。上面凌乱地放些颜色杂乱的坐垫。沿着那不见棱角的窗户是一条水浪纹的沙发。在左边有立柜，食物柜，和一张小几，上面放着些女人临时用的化妆品。墙上挂着几张很荒唐的裸体画片，月份牌和旅馆章程。地下零零散散的是报纸，画报，酒瓶和烟蒂头。在沙发上，立柜上搁放许多女人的衣帽，围巾，手套等物。间或也许有一两件男人的衣服在里面。食柜上杂乱地陈列着许多酒瓶，玻璃杯，暖壶，茶碗。右角立一架阅读灯，灯旁有一张圆形小几，嵌着一层一层的玻璃，放些烟具和女人爱的零碎东西，如西洋人形，米老鼠之类。

——曹禺《日出》

（16）门掩上了，堂屋里暗着，门的上端的玻璃格子里透进两方黄色的灯光，落在青砖地上。朦胧中可以看见堂屋里顺着墙高高下下堆着一排书箱，紫檀匣子，刻着绿泥款识。正中天然几上，玻璃罩子里，搁着珐琅自鸣钟，机括早坏了，停了多年。两旁垂着朱红对联，闪着金色寿字团花，一朵花托住一个墨汁淋漓的大字。在微光里，一个个的字都像浮在半空中，离着纸老远。

——张爱玲《倾城之恋》

（17）围着一张方桌坐了六个人，上面坐着他的继母周氏和姑母张太太，左边坐着张家的琴表姐和嫂嫂李瑞珏，下面坐着大哥觉新和妹妹淑华，右边的两个位子空着。他和觉民向姑母行了礼，又招呼了琴，便在那两个空位子上坐下。女佣张嫂连忙盛了两碗饭来。

——巴金《家》

# 39. 能不能说"我的手机有在我的包里"？

> 偏误例句：
>
> *我的笔有在我的书包里。
>
> *我的雨伞有在抽屉里。
>
> *我的作业有在王老师那里。
>
> *我的护照有在家里。

"我的手机有在我的包里"一句中存在偏误，句子应改为"我的包里放着手机"或"我的包里有手机"。首先，这里有一个错序偏误，表示地点的短语"我的包里"应放在句首的位置；其次，该句存在误代偏误，在某些情况下，学习者回避使用典型性低的存现句，而把典型性高的"有"字存在句泛化用到其他存现句中。另外，"我的手机有在我的包里"是学习者把存现句和常规句子杂糅在一起产生的，也属于杂糅偏误。

产生这些偏误的原因，主要是目的语规则过度泛化，汉语中有一些常规句子容易导致学习者产生偏误。例如：

（1）我的手机在包里。

（2）我的鞋子在鞋柜里。

例（1）和例（2）属于常规表达方式，处所词语在句末，因为高频率的输入，学习者对这种常规表达方式非常熟悉，因此很容易把常规表达方式的规则泛化到其他句子中，从而产生偏误。有时候也会因为母语负迁移产生偏误。例如：

（3）My phone is in the bag.

　　（译文：我的手机在包里。）

（4）There is a phone in my bag.

　　（译文：有一个手机在我的包里。）

例（3）和例（4）中的处所词语也位于句末，在母语和目的语的双重影响下，学习者经常会输出上述偏误句子。

另外，汉语母语者倾向于使用能够表达具体存现方式的动词，所以在汉语母语者中"V着"存在句的使用频率是最高的。然而学习者却经常违反存现句的典型表达方式，这说明在教学中教师对存现句中的典型句子输入不够。针对这类偏误，教师可以考虑采用偏向性输入教学法，即加大"V着"存在句或其他典型存在句的输入频率。

有时候学习者输出的一个句子中可能存在好几个偏误，并且这几个偏误都属于存现句偏误，如"我的手机有在我的包里"一句中既有把存在句表达为一般叙述句的错序偏误，也有用"有"字存在句代替其他存在句的误代偏误。教师在教学中要注意这样的多偏误现象，根据偏误产生的具体原因，寻找合适的教学方法进行教学。

我们把本节"偏误例句"中的句子改为：

（5）a. 我的书包里有笔。

　　　b. 我的书包里放着笔。

（6）a. 抽屉里有我的雨伞。

　　　b. 抽屉里放着我的雨伞。

（7）a. 王老师那里有我的作业。

　　　b. 王老师那里放着我的作业。

（8）a. 家里有我的护照。

　　　b. 家里放着我的护照。

# 40. 能不能说"阳台上是五六个人"？

偏误例句：

＊玻璃柜里是蛋糕、饼干和面包。

＊花园里是海棠花和月季花。

＊键盘上是 a、b、c、d、e 等字母。

＊池塘里是各种各样的鱼。

"阳台上是五六个人"一句中存在偏误，正确的表达应为"阳台上有五六个人"。这一偏误的出现是由于学习者混淆了"有"和"是"的用法。教师在教授"是"字存在句和"有"字存在句这两个句式时，一般只是解释它们都表示存在，但是并不表示事物存在的方式。除此之外，教师可能还会解释"是"字存在句中的动词"是"带有判断的意味。但是这样的解释无法说清楚刚才的这个例子为什么存在偏误，所以这一偏误和教学有一定的关系。

"有"字存在句中的动词"有"指向的宾语并不具有唯一性或排他性，"有"字存在句中的存在主体只是某处所中存在的事物中的一部分，句中的存现主体是说话人选择关注的对象，而其他存在于该所处的事物并没有在显性的言语形式中表现出来。而"是"字存在句则有所不同，"是"字存在句中的动词"是"除了有表示存在的功能外，还具有表示判断的功能，因此其指向性非常明确，"是"指向的存现主体具有唯一性。例如：

（1）宿舍前面是一个操场。

（2）＊宿舍前面是一个操场，还是一个现代化的游泳馆。

（3）宿舍前面有一个操场。

（4）宿舍前面有一个操场，还有一个现代化的游泳馆。

（5）书柜里是一本《现代汉语》。

（6）＊书柜里是一本《现代汉语》，还是一本《认知语言学导论》。

（7）书柜里有一本《现代汉语》。

（8）书柜里有一本《现代汉语》，还有一本《认知语言学导论》。

例（1）和例（5）都是"是"字存在句，它们不能扩展为例（2）和例（6），因为例（2）和例（6）中的存现主体不止一个。而例（3）和例（7）都是"有"字存在句，它们能扩展为例（4）和例（8），因为"有"字存在句中允许同时出现多个存现主体。

"阳台上是五六个人"中的存现主体是"五六个人"，即出现了多个存现主体，这违反了唯一性，所以存在偏误。

这类偏误产生的原因是"是"字存在句和"有"字存在句有较多的共性。这两类存在句都是静态存在句，且它们都不表示具体的存在方式，在"有"字存在句和"是"字存在句中，动词"有"和"是"后面都不能加体标记"了"，动词"是"后面还不能加体标记"着"，动词"有"后面虽然可以加体标记"着"，但加"着"后带有珍视义或慎重义，该类存在句的出现频率较低。由于这两类句子具有较多的共同点，学习者难以区分清楚它们之间的差异，因此在使用时往往容易出现偏误。这其中也有表达上的因素，即有时学习者希望强调或确认存现主体，此时往往倾向于使用"是"字存在句。[①]

我们把本节"偏误例句"中的句子改为：

（9）玻璃柜里有蛋糕、饼干和面包。

（10）花园里有海棠花和月季花。

（11）键盘上有a、b、c、d、e等字母。

（12）池塘里有各种各样的鱼。

---

① 还需要注意的是有的学习者的母语中可能并没有像"是"字存在句这样既表示存在又表示判断的句式，目的语中出现的母语中没有的规则对于学习者来说是比较难掌握的，学习者往往会采用回避策略，转而使用一些近似的、更熟悉的表达方式来代替。"有"字存在句在存在句范畴中的典型性较高，输入的频率也比"是"字存在句要高很多，因此，在学习者混淆了这两类存在句句式时，大部分情况下学习者会用典型性较高的"有"字存在句代替"是"字存在句，从而产生误代偏误。但是有时由于某些原因，也会出现"是"字存在句代替"有"字存在句的现象。

# 41. 能不能说"阳台上是有一台电冰箱"？

偏误例句（以下例句中的"是"表示存在）：

*书包里是有一本书。

*电脑旁边是有一个鼠标。

*天花板上是有一只小虫子。

*窗台旁边是有一个温度计。

在判断句子是否存在偏误前，我们首先需要排除"阳台上是有一台电冰箱"这个句子中的"是"不是表示强调的"是"，而是表示存在和判断的"是"。[1] 如果这个句子是存在句，那么该句中存在偏误，句中的偏误是一个比较明显的误加偏误，被误加的是哪一个词语要根据语境进行判断。如果阳台上除了电冰箱以外，没有其他物体，那么该句可以改为"阳台上是一台电冰箱"，也可以改为"阳台上有一台电冰箱"；如果阳台上除了电冰箱之外，还有其他物体，那么该句只能改为"阳台上有一台电冰箱"。"阳台上是有一台电冰箱"这个偏误例句表明，说出该句的学习者学过"是"字存在句和"有"字存在句，但是并没有完全习得这两种句式，并且不清楚这两种句式的区别在哪里，所以就先使用动词"是"表示判断，再使用动词"有"表示存在。

汉语的"是"字存在句和"有"字存在句都可以表示静态的存在，并且它们都不表示具体的存在方式，但是从其在存在句范畴中的典型性来说，"有"字存在句的典型程度比"是"字存在句高，"有"字存在句表示纯粹的存在义，而"是"字存在句除了表示存在义之外，还表示判断义，并且其判断的对象需要具有唯一性，所以"是"字存在句中的存现主体也具有唯一性[2]。例如：

（1）盒子里是一瓶药。

（2）盒子里有一瓶药。

（3）沙发上是一个靠垫。

---

① 本书作者在收集语料时向被试确认过句中的"是"表示存在和判断。

② 这里的唯一性是指在某个处所存在唯一一个存现主体。

（4）沙发上有一个靠垫。

例（1）和例（3）都是"是"字存在句，句中的"药"和"靠垫"分别是作为处所的"盒子里"和"沙发上"的唯一存现主体，或者说是说话人认为的唯一存现主体；而例（2）和例（4）都是"有"字存在句，这两句表明说话人并不强调存现主体的唯一性，所以"药"和"靠垫"可能是作为处所的"盒子里"和"沙发上"的唯一存现主体，也可能是多个存现主体中的一个。因此，存在句中的动词"是"和"有"不能同时出现在一个句子当中，因为它们的语义中存在互相矛盾的地方。

有时某个存在句中只能使用动词"是"，或者只能使用动词"有"，有时可以同时使用这两个动词，这是因为动词后面的宾语对动词产生限制作用，这除了和宾语是否具有唯一性有关之外，还和我们具有的百科知识有关。例如：

（5）袋子里有复习资料。

（6）袋子里是复习资料。

（7）窗户上有许多裂痕。

（8）走道尽头是大门。

例（5）和例（6）中的动词可以是"是"，也可以是"有"；例（7）只能用"有"，因为该句有多个存现主体；例（8）只能用"是"，因为存现主体只有一个。

在对学习者语料进行调查的过程中我们还发现，学习者很少输出如"阳台上有是一台电冰箱"之类的句子，这表明学习者倾向于先表达判断，再表达存在。

本节"偏误例句"中的句子可以改为：

（9）a. 书包里是一本书。

　　　b. 书包里有一本书。

（10）a. 电脑旁边是一个鼠标。

　　　b. 电脑旁边有一个鼠标。

（11）a. 天花板上是一只小虫子。

　　　b. 天花板上有一只小虫子。

（12）a. 窗台旁边是一个温度计。

　　　b. 窗台旁边有一个温度计。

# 42. 能不能说"门上有刻着花纹"？

偏误例句：

＊车里有放着饮料。

＊护照上有印着护照号。

＊名单上有写着我的名字。

＊椅子上有搭着一件衣服。

"门上有刻着花纹"一句中存在偏误，句中同时使用了"有"和"刻着"两个动词性成分，属于误加偏误。我们可以去掉其中的一个动词性成分，把句子改为"门上有花纹"或"门上刻着花纹"。学习者知道可以使用"V"表示动作存在的方式，但是却不太清楚"V着"可以表示动作状态的持续，因此，在"V着"之前又加了一个表示存在的"有"，所以这个偏误也是一个杂糅偏误，是"有"字存在句和"V着"存在句杂糅在一起形成的偏误。杂糅偏误中有时候会出现典型用法和非典型用法杂糅在一起的情况，我们这里所说的典型用法是从学习者的角度而言的，对于学习者特别是初级阶段的学习者来说，静态存在句中的"有"字存在句是一种比较典型的表达方式，而汉语母语者认为的典型静态存在句是"V着"静态存在句，但是"V着"静态存在句对于学习者来说并不是典型表达，因为学习者更早地习得了"V着"句的另一个表达功能，即表示动作正在进行的功能。正是因为"V着"静态存在句并不是学习者认为的典型存在句，所以学习者习得该类句式的效果并不太好，他们有时并不清楚该类句式是否表达存在义，所以在"V着"前加上动词"有"强调存在义。因此，在教学中教师需要考虑到不同的言语社团对某个语言范畴中的典型成员的认同标准并不完全一样，特别是母语者认知中的典型成员和第二语言学习者认知中的典型成员可能有差异。另外，这里的"V着"存在句和"有"字存在句都属于静态存在句，两者之间的共同点也可能造成偏误。

汉语的"V着"静态存在句和"有"字存在句之间有不同之处也有相同之

处，相同之处在于它们都能表示存在义，并且都表示的是静态的存在，不同之处
在于"V着"静态存在句可以提供更多的信息细节，也就是说，"V着"静态存
在句不仅提供了事物存在的方式，而且还提供了这种存在方式持续的状态等信
息。例如：

（1）卧室门口有一道帘子。

（2）卧室门口挂着一道帘子。

（3）车库里有许多私家车。

（4）车库里停着许多私家车。

（5）手腕上有一副手镯。

（6）手腕上戴着一副手镯。

（7）草稿纸上有一幅画。

（8）草稿纸上画着一幅画。

不同的语境条件下需要提供的信息量可能有所不同，在特定语境条件下的语
言表达需要提供相应数量的信息，这是语用学中的数量准则。"V着"静态存在
句和"有"字存在句是在不同的语境条件下使用的，在教学中教师需要为学习者
提供相关的语境，让学习者能够真正区分这两种句子之间的差异。

我们把本节"偏误例句"中的句子改为：

（9）a. 车里有饮料。

　　　b. 车里放着饮料。

（10）a. 护照上有护照号。

　　　b. 护照上印着护照号。

（11）a. 名单上有我的名字。

　　　b. 名单上写着我的名字。

（12）a. 椅子上有一件衣服。

　　　b. 椅子上搭着一件衣服。

# 43. 能不能说"黑板上写着有一行字"？

偏误例句：

* 窗户外种着有很多竹子。

* 墙上挂着有一张奖状。

* 地上铺着有一块很漂亮的地毯。

* 抽屉里装着有几支笔。

"黑板上写着有一行字"一句中存在偏误，"写着"后面多了一个"有"字，这是一个误加偏误，学习者把"有"字存在句和"V 着"存在句杂糅在了一起，所以这也可以算作一个杂糅偏误。这个句子有两种正确的表达方式：

（1）黑板上写着一行字。

（2）黑板上有一行字。

学习者显然学过这两种表达方式，特别是其中的"有"字句是学习者最为熟悉的一种表达方式，产生偏误的原因可能是"有"字句在现代汉语中输入频率更高，学习者倾向于用"有"字句去代替或补充其他近似的表达方式，因此产生了偏误。

此外，学习者可能并没有完全习得"V 着"存在句，在说出"V 着"存在句时，担心这个句子不能够完全表达存在义，因此又加上了学习者最熟悉的"有"字句，并以此来强化存在义。

在现代汉语存在句中，"有"字存在句和"V 着"存在句之间有些不同之处，"有"字存在句只是单纯地表达存在义，"V 着"存在句则不仅表达存在义，还通过"V"表达存在的具体方式。例如：

（3）家家户户的门上都有对联。

（4）附近的街道两旁都有许多鲜花。

（5）家家户户的门上都贴着对联。

（6）附近的街道两旁都种着许多鲜花。

例（3）和例（4）中的动词"有"只表示单纯的存在；而例（5）和例（6）中的动词"贴"和"种"则表示存现主体的具体存在方式，动词"贴"和"种"之后的体标记"着"还可以表示状态的持续，体现事物存在的时间有一定的延续性，这可以强化事物的存在感。从表达的效果来看，"V"着存在句更加具体化和明确化，在一定程度上形式越复杂表达的概念也越复杂，这样能够给听话人传递更加详细的信息，使说话人和听话人之间的交流更为顺畅。"V着"存在句表达的复杂程度也比"有"字存在句更高，学习者一般倾向于回避比较复杂的结构，选用比较简单的结构，但是汉语水平较高的学习者则更倾向于使用自己最熟悉的表达方式来补充自己不太有把握的表达方式，即用"有"字存在句补充"V着"存在句，具体表现为在"V着"后加上动词"有"，因此有时候反而显得其输出的方式更加复杂。

另外，需要注意"黑板上写着有一行字"和上节讨论的"门上有刻着花纹"分属两种不同的偏误类型。"黑板上写着有一行字"是"V着+有"，"门上有刻着花纹"是"有+V着"，中高级阶段的学习者似乎更倾向于输出"黑板上写着有一行字"类的偏误，而学习者在"门上有刻着花纹"类的偏误中则没有明显的倾向性，即无论初级阶段学习者还是中高级阶段学习者都有可能输出"门上有刻着花纹"类的偏误句子。

我们可以把本节"偏误例句"中的句子改为：

（7）a. 窗户外种着很多竹子。

　　　b. 窗户外有很多竹子。

（8）a. 墙上挂着一张奖状。

　　　b. 墙上有一张奖状。

（9）a. 地上铺着一块很漂亮的地毯。

　　　b. 地上有一块很漂亮的地毯。

（10）a. 抽屉里装着几支笔。

　　　 b. 抽屉里有几支笔。

# 44. 能不能说"那本书的封面上有字写着"?

偏误例句:

*键盘上有字条贴着。

*教室里的桌子上有油漆刷着。

*头上有帽子戴着。

*这本书中有书签夹着。

　　"那本书的封面上有字写着"一句中存在偏误,句中既有误加偏误,也有杂糅偏误。该句中出现了两个动词性成分,即"有"和"写着",在汉语存在句中"有"和"V着"都表示存在义,但是不能同时出现在一个句子中,如果同时出现则属于误加。这个病句是由两个不同的存在构式杂糅在一起形成的,一个是"那本书的封面上有字",另一个是"那本书的封面上写着字"。因为学习者更倾向于首先选用"有"字存在句,所以在该句的前半段,我们看到了"有"字存在句;该句的后半段,学习者把自己还未完全习得的"V着"存在句也添加进来,但因为存现主体"字"作为动词"有"的宾语已经出现在了前半部分,所以"写着"的后面没加宾语,从这个角度来看,也可以把这类偏误看作遗漏偏误。

　　从形式上看,如果把正确的句子按照"V着"存在句来理解的话,这个句子中的偏误还属于错序偏误,因为宾语"字"放在了动词前面。句子的正确表达方式是"那本书的封面上有字"或"那本书的封面上写着字",从这个句子中可以看出,学习者希望表达出存现主体的具体存在方式,因此学习者可能本来想说的是"V着"存在句,但对他们来说,典型性更高的"有"字存在句的影响更大,于是便把"有"字存在句和"V着"存在句杂糅在了一起。另外也有可能是有的学习者并不清楚"V着"存在句中的"V着"表示动作的持续状态,以为"V着"表示的是动作正在进行,于是就先用"有"字存在句来表达句子的存在义,然后再把"V着"附加在后面。

　　我们发现学习者还有一些和这个句子类似的表达。例如:

（1）＊那本书的封面上有写着字。

（2）＊书的封面上写着有字。

例（1）和例（2）中都存在偏误，即使用了两个动词性成分，属于误加偏误。但是我们刚才分析的句子"那本书的封面上有字写着"产生偏误的原因似乎更加复杂一些，除了上面已经分析过的原因之外，某些学习者之所以出现这类偏误，可能是因为他们学过"某处＋有＋N＋V 着"这样的结构。例如：

（3）那个凳子上有人坐着。

（4）床上有人躺着。

总而言之，不同的学习者可能会因为不同的原因产生相同的偏误，有的学习者可能会因为同时受多个因素的影响而产生偏误，教学中教师应根据不同的学习者分析出原因，采取针对性的教学方法。

关于"有"字存在句和"V 着"静态存在句之间的差异，我们已经多次谈到过，这里再做一下简单的比较。例如：

（5）手上有糖果。

（6）手上拿着糖果。

例（5）中，说话人只是告知听话人某处存在某物；例（6）中，说话人告诉听话人某处以什么样的方式存在着某物。

本节"偏误例句"中的句子应该改为：

（7）a. 键盘上有字条。

　　　b. 键盘上贴着字条。

（8）a. 教室里的桌子上有油漆。

　　　b. 教室里的桌子上刷着油漆。

（9）a. 头上有帽子。

　　　b. 头上戴着帽子。

（10）a. 这本书中有书签。

　　　 b. 这本书中夹着书签。

# 45. 能不能说"水中游动条条鱼"?

偏误例句:

* 操场上跑群群人。

* 街上走个个精心打扮过的女孩子。

* 天上飘朵朵白云。

* 水面跳动串串水珠。

"水中游动条条鱼"这个句子中存在偏误,动词后遗漏了表示体标记的"着"。"着"在这里表示动作实现后所留下来的状态的持续,"着"前面的动词表示事物存在的方式,如果缺少"着",则只有动作而没有动作的实现和状态的持续。例如:

(1) * 前面走一群人。

(2) * 海中翻滚波涛。

(3) * 空中飞细雨。

(4) * 火炉里跳动红色的火苗。

"水中游动条条鱼"这个句子不能被看作光杆动词存在句,因为光杆动词存在句中的动词一般不能是表示活动或位移的动词,并且存现主体不能是施事。例如:

(5) 左边放一个花瓶,右边放一盘果盘。

(6) 营房旁竖立一根旗杆,杆顶的旗子在风中猎猎作响。

(7) 前面停一辆大卡车,正好挡在路中间。

(8) 右边茶几上摆一个香炉,看起来古色古香的。

例(5)~(8)中的动词分别是"放""竖立""停"和"摆",它们都不是表示活动或位移的动词,句中的存现主体不是施事而是受事。

"水中游动条条鱼"一句中动词后遗漏了"着",不能表示存在义,属于遗漏偏误。我们来看一下偏误产生的原因到底是什么?首先,体标记"着"是一个虚词，虚词本身只有语法意义而缺乏词汇意义，不能充当句子成分，其功能只是辅助性的，因此，学习者往往容易忽略虚词，在语言表达中常常出现遗漏虚词的现象。

其次，某些语言并不像汉语一样用虚词表示存在，它们可能有自己独特的表达方式，比如英语表示存在时，"指示性 there 结构"中有一种表示存在的结构，该结构为"there＋V＋N"。例如：

（9）There goes our last hope.

　　（译文：那儿有我们最后的希望。）

如果学习者的母语是英语，英语的动词有形态变化，而汉语则倾向于使用体标记"着"和"了"，这会让学习者产生畏难情绪，回避这种和自己母语完全不同的表达方式，和目的语因素相比，第一语言和第二语言之间的差异最容易引起学习者的回避。从例（9）中可以看到，英语中有动词和存现主体，甚至还有一个表示位置格的副词"there"，它是指示性的，用来选定相对于说话者而言的一个位置。

英语中还有存在性"there"，这里的"there"不是位置副词，不表示位置，不独立于存在性结构之外，并且在句子中读重音，存在性"there"可以出现在否定句中。例如：

（10）There are no students in the classroom.

　　（译文：教室里没有学生。）

（11）There's a boy running away.

　　（译文：有个男孩逃跑了。）

例（11）表现状态时使用的是现在进行时，动词"run"使用现在分词形式"running"。由此可见，在表达存在时英语中没有相当于汉语"着"这样的虚词，所以英语母语者可能会回避使用体标记"着"。因此，当学习者母语中的存在句没有相当于汉语中的"着"这样的虚词时，学习者容易采用回避策略，导致"着"的遗漏。

此外，"V 着"可以表示动作"V"正在进行，这是"V 着"的典型用法。一般情况下，学习者会把某个词的典型用法进行泛化，用这个典型用法代替其他相关的用法，比如使用"V着"代替"正在／在＋V"表示动作正在进行。但是"V着"表示状态持续的用法则因为输入频率没有典型用法那么高，可能被学习者遗忘或忽略，因此，在学习者输出的存在句中就不会使用"着"。

"水中游动条条鱼"一句中还存在另外一个偏误，即遗漏了数词"一"。汉语动态存在句宾语的修饰语中经常有数量短语，有时还会出现量词重叠现象，当量词重叠时，数词不能省略。例如：

（12）眼前飘过一朵朵鲜艳的花朵。

（13）前面延伸出一条条细长的小道。

学习者的输出中有时会省略其中的数词，造成偏误。这类偏误可能是因为目的语规则的过度泛化造成的，在存在句中当数量词修饰宾语时，数词有时可以省略。例如：

（14）地上坐着个小娃娃。

（15）通告栏内贴了条通知。

（16）那边有棵竹子。

（17）樱花树旁边是棵柳树。

学习者看到大量的存在句中修饰宾语的数量短语都可以省略数词，特别是在一些典型性比较高的存在句中也有这样的省略，这可能会造成学习者更加倾向于使用简化策略，遗漏数词。

另外，可能还有其他的原因。比如其他的一些汉语句子中，有时会出现量词重叠。例如：

（18）岸边阵阵清风吹来，十分凉爽。

（19）一阵微风吹来，伴着片片雪花，真是美极了。

由此可以看到，同样是因为目的语规则过度泛化而引起的偏误，在具体的原因上可能也有所不同。

本节"偏误例句"中的句子应该改为：

（20）操场上跑着一群群人。

（21）街上走着一个个精心打扮过的女孩子。

（22）天上飘着一朵朵白云。

（23）水面跳动着一串串水珠。

# 46. 能不能说"天上飞很多蜻蜓"？

偏误例句：

＊院子里跑很多小孩。

＊天上飘一朵白云。

＊房间的窗户上闪动火光。

＊巨大的表盘上转动指针。

"天上飞很多蜻蜓"一句中存在偏误，句中的动词"飞"后面遗漏了动态助词"着"，正确的句子应为"天上飞着很多蜻蜓"。

汉语光杆动词存在句中的动词都属于非活动动词，也就是说，它们都是静态动词，"天上飞很多蜻蜓"中的动词"飞"是一个位移轨迹很明显的动态动词，这类动词不能进入光杆动词存在句中，只能在后面加"着"变为"V着"动态存在句。例如：

（1）天上飞着很多蜻蜓。

（2）水里游着几条鱼。

（3）眼睛里闪动着泪光。

（4）脸上荡漾着笑容。

例（1）～（4）中的动词分别为"飞""游""闪动""荡漾"，它们都是表示动态的动词，也就是说，这些动词都能表示位移。

"天上飞很多蜻蜓"一句中的偏误是由目的语规则过度泛化引起的，由于汉语中的光杆动词存在句输入频率比较低，因此学习者很难区分光杆动词存在句中的动词是否是非活动动词。学过光杆动词存在句的学习者一般都是中高级阶段的学习者，但我们并不是说这种偏误只有中高级阶段的学习者才会输出，低级阶段的学习者虽然没有学过光杆动词存在句，但是在很多语言中，动词后都没有像汉语体标记这样的表达方式，并且像"着"这样的虚词在句子中没有实在的意义，也不充当句子中的任何句法成分，容易被学习者忽略，这很容易造成低级阶段的学习者遗漏体标记"着"。

可见"天上飞很多蜻蜓"这样的偏误可能发生在任何阶段的学习者身上，从其形式上来说，无论学习者的汉语水平怎么样，这类偏误都属于遗漏偏误，但是偏误产生的原因却又不完全相同，中高级阶段的学习者容易受到目的语规则过度泛化的影响产生此类偏误，而低级阶段的学习者则容易受到母语负迁移的影响产生此类偏误。教学中教师要根据学习者的具体情况分析偏误产生的具体原因，才能有针对性地解决问题。

本节"偏误例句"中的句子可以改为：

（5）院子里跑着很多小孩。

（6）天上飘着一朵白云。

（7）房间的窗户上闪动着火光。

（8）巨大的表盘上转动着指针。

# 47. 能不能说"班上多几个同学"？

---

偏误例句：

\* 附近多好些可疑的人。

\* 公司里来不少新员工。

\* 动物园里跑好几只小动物。

\* 公司里走好几个人。

---

"班上多几个同学"中的"多"后遗漏了表示动作实现或完成的体标记"了"，该句中的偏误属于遗漏偏误。"班上多了几个同学"是隐现句中表示出现的句子，这里的"了"是一个表示完成体的体标记，"多+了"表示状态发生了

变化，并且该变化已经完成或结束。如果缺少动态助词"了"，则不能体现状态的变化。

在隐现句中，如果句子中只有形容词而没有动词，形容词表示存现主体数量的变化时，后面一般要加"了"表示变化或实现。例如：

（1）钱包里少了几十块钱。

（2）广场上突然多了几个人。

大多数情况下单纯的动词并不能表示动作完成或实现，动词后必须加体标记"了"才有完成义或实现义。[①] 例如：

（3）办公室里来了一群陌生人。

（4）销售部走了六七个人。

"班上多几个同学"中遗漏了体标记"了"，"了"被遗漏的第一个原因是"了"和"着"一样是一个虚词，不能成为句法成分，也没有自己的词汇意义；第二个原因是"了"的典型用法是表示动作完成，但是隐现句中的"了"除了有完成义外还具有实现义，表示动作已经实现或达到目标，并且将这一状态持续下去，这是一种非典型的复杂用法，很容易被学习者回避；第三个原因是有的学习者的母语中没有和汉语隐现句中的"了"用法类似的词语，这同样会使学习者产生回避倾向。

英语的隐现句和汉语的隐现句采用不同的表达方式，英语的动词后不加表示体标记的虚词，完成义或实现义由过去分词来体现，这容易造成英语母语者输出"V了"隐现句时遗漏体标记"了"。

因此，本节"偏误例句"中的句子应该改为：

（5）附近多了好些可疑的人。

（6）公司里来了不少新员工。

（7）动物园里跑了好几只小动物。

（8）公司里走了好几个人。

---

① 动词是"出现"时可以不加体标记"了"，如"屋子里出现一群人"。另外，动词后面加补语也可以表示出现或消失，这时可以不加体标记"了"，如"销售部走掉六七个人"。

# 48. 能不能说"桌子上摆满着碗筷"？

偏误例句：

*脸上沾满着灰。

*屋里挤满着人。

*车里装满着各种各样的货物。

*池塘里长满着水草。

"桌子上摆满着碗筷"一句中存在偏误，这类偏误产生的原因有两种不同的分析方向：第一种，学习者混淆了体标记"着"和"了"的区别，把本应使用"了"的地方换成"着"，这是一种误代偏误，句子的正确表达是"桌子上摆满了碗筷"；第二种，学习者误加了动态助词"着"，这是一种误加偏误，需要去掉"着"，句子的正确表达是"桌子上摆满碗筷"。我们先比较一下以下例句：

（1）桌子上摆着碗筷。

（2）桌子上摆了碗筷。

（3）桌子上摆满碗筷。

（4）桌子上摆满了碗筷。

例（1）中的"着"表示状态的持续，例（2）中的"了"表示动作结束后状态的持续，例（3）中的补语"满"表示动作发生后产生的结果的具体状态，例（4）中的"满"和"了"分别表示动作发生后产生的结果的具体状态和动作的完成。"桌子上摆满着碗筷"这个句子之所以存在偏误，是因为"着"表示状态的持续，而补语"满"表示动作结果的实际状况，"满"已经含有存在义，这两个词只需要出现一个就能表达句子的存在义。例（4）中的动态助词"了"可加可不加，加上"了"后可以强调动作完成后留下的状态。如果不加"了"的话，该句既可以理解为存在句，也可以理解为表示命令或要求的祈使句。另外，"着"表示动作状态的持续，同时含有存在义，"V满"表示动结束后出现的结果，两者语义并不完全一致，因此"V满"后面不能加"着"；而"V了"则指动作完成后留下某种状态，因此"了"和"V 满"的语义并不发生冲突，"V 满"后可以加"了"。

"桌子上摆满着碗筷"这个句子中的偏误无论是误加偏误还是误代偏误，都是目的语规则过度泛化导致的。因为"V 着"存在句在汉语中是最典型的存在句，所以学习者倾向于使用最熟悉的表达方式去代替不太熟悉的表达方式，由此出现误代偏误。①

另外，学习者也倾向于把自己熟悉的、比较典型的表达方式杂糅到其他相对不熟悉的、不太典型的表达方式中，如把自己熟悉的"V 着"存在句和不熟悉的"V 满"存在句杂糅在一起，输出"桌子上摆满着碗筷"这样的偏误句子。这类偏误也可以看作杂糅偏误，因杂糅而导致表达形式上出现误代偏误或误加偏误。

本节"偏误例句"中的句子可以改为：

（5）a. 脸上沾满灰。

　　　b. 脸上沾满了灰。

（6）a. 屋里挤满人。

　　　b. 屋里挤满了人。

（7）a. 车里装满各种各样的货物。

　　　b. 车里装满了各种各样的货物。

（8）a. 池塘里长满水草。

　　　b. 池塘里长满了水草。

---

① 　"V着"存在句在汉语母语者和汉语学习者认知范畴中的典型程度并不一样，汉语母语者存在句范畴中的典型句式是"V着"存在句，而汉语学习者存在句范畴中的典型句式是"有"字存在句。但是相比较而言，汉语学习者存在句范畴中"V着"存在句的典型性要高于"V了"存在句，汉语学习者可能使用典型性较高的"V着"存在句代替典型性相对较低的"V了"存在句。

# 49. 能不能说"天空中飘了朵朵白云"?

偏误例句:

＊天空中飞舞了一片片树叶。

＊桥边转动了一架架风车。

＊河里游了鱼。

＊树林中奔跑了一只老虎。

"天空中飘了朵朵白云"一句中存在偏误,该句中的偏误是一个误代偏误,体标记"着"误代为"了",句子的正确表达方式应该是"天空中飘着朵朵白云"。发生偏误的原因是学习者把"V了"存在句的结构误代到"V着"存在句中,"天空中飘着朵朵白云"是一个动态存在句,这种句子中表达的动态存在义和句中表示存在方式的动词的语义有关,如果动词是一个动态动词,且存现主体是动作的发出者,那么这个动词就能进入动态存在句。例如:

（1）快下雨了,桥上盘旋着许多蜻蜓。

（2）夕阳之下,水波中窜动着无数的金色线条。

（3）空气中浮动着阵阵花香。

（4）旗杆顶上飘动着一面红色的旗子。

汉语的"V着"静态存在句都可以转换为"V了"存在句。例如:

（5）a. 窗户上挂着一幅长长的窗帘。

　　 b. 窗户上挂了一幅长长的窗帘。

（6）a. 岩壁上画着很多动物的图案。

　　 b. 岩壁上画了很多动物的图案。

（7）a. 抽屉上着锁。

　　 b. 抽屉上了锁。

（8）a. 门前的菜地里种着一些菜。

　　 b. 门前的菜地里种了一些菜。

学习者产生此类偏误是因为混淆了动态存在句和静态存在句之间的差别，汉语存在句中的"V 了"存在句属于静态存在句，而"V 着"存在句则可以分为"V 着"动态存在句和"V 着"静态存在句，其中"V 着"静态存在句可以转换为"V 了"存在句。学习者容易将这个规则泛化，把"V 着"动态存在句也转换为"V 了"存在句，由此产生偏误。

我们可以把本节"偏误例句"中的句子改为：

（9）天空中飞舞着一片片树叶。

（10）桥边转动着一架架风车。

（11）河里游着鱼。

（12）树林中奔跑着一只老虎。

# 50. 能不能说"这次春节联欢晚会来着很多观众"？

偏误例句：

＊车祸现场去着不少警察。

＊这次同学聚会来着不少同学。

＊脑海中浮现着一个模糊的影子。

＊广场上开来着一辆黑色小轿车。

"这次春节联欢晚会来着很多观众"一句中存在偏误，即误用体标记"着"。偏误产生的原因有两种不同的分析方向：第一种情况是学习者想表达某处出现了某物，但是混淆了体标记"着"和"了"的用法，用"着"代替了"了"，产生误代偏误，因为"V 着"存在句是汉语存在句中的典型表达方式，学习者倾向于使用典型的表达方式去代替其他表达方式，这个偏误是由于目的语规则过度泛化而产生的，正确的表达方式是"这次春节联欢晚会来了很多观众"；第二种情况是学习者既想表达某处出现了某物，同时又想表达某处存在某物，所以将两者杂糅在一个句子中，从这方面来看这个偏误属于杂糅偏误，正确的表达方式是"这次春节联欢晚会来了很多观众"或"这次春节联欢晚会有很多观众"。

汉语隐现句中，如果动词或形容词表示出现义或消失义，后面的体标记"了"可加可不加，如例（1）和例（2）。有的动词只表示位移，但是不直接表示出现义或消失义，需要后接趋向补语或结果补语来表示出现义或消失义，动词后面的体标记"了"可加可不加，如例（3）～（5）。

（1）还冒着浓烟的窗口处出现（了）一位消防队员。

（2）教室里少（了）一个人。

（3）研发部走掉（了）一个员工。

（4）洞里刮出来（了）一阵冷风。

（5）湖里刚掉下去（了）一个人。

隐现句描述的事件均为已经发生的事件，因此动词后面不能加表示持续或进行的体标记"着"，只能加表示动作实现或完成的体标记"了"。

本节"偏误例句"中的句子可以改为：

（6）车祸现场去了不少警察。

（7）这次同学聚会来了不少同学。

（8）a. 脑海中浮现出一个模糊的影子。

　　　b. 脑海中浮现出了一个模糊的影子。

（9）a. 广场上开来一辆黑色小轿车。

　　　b. 广场上开来了一辆黑色小轿车。

# 51. 能不能说"冰箱里满着各种各样的食物"？

偏误例句：

＊教室里满着人。

＊树上满着玉兰花。

＊车里满着烟味。

＊车后备箱里满着东西。

"冰箱里满着各种各样的食物"一句中存在遗漏偏误，句中遗漏了动词"放"或"塞"。在这里"满"是前面动词的补语，这个存现句的结构是"处所+V+满+存现主体"，这个结构里面的动词表示事物存在的方式，因此不能被省略，补语"满"表示动作发生后产生的结果。和动词加体标记"着""了""过"的存现句不同，"V满"存现句中的"满"是一个具有词汇意义的实词，它既表示动作的结果，也表示动作发生后留下来的状态，表示存现主体完全占据了所在的某个处所，图形与背景重合。例如：

（1）冰箱里放着各种各样的食物。

（2）冰箱里放了各种各样的食物。

（3）冰箱里放过各种各样的食物。

（4）冰箱里放满了各种各样的食物。

例（1）表示说话时正在呈现的状态，这是一个时间段上存在的状态，但是没有明确的起点和终点。例（2）表示动作发生后留下的状态一直保持到现在，这个状态在时间轴上有起点，并且有持续的时间段，但是没有终点。例（3）表示动作发生后曾经存在过某种状态，这个状态有存在的时间段，但是没有明确的起点和终点。而例（4）则有所不同，它只是表示存现主体占据了整个空间这样的一个状态，但是并没有表明该状态在时间轴上的位置。

另外，"V满"存现句中的动词一般为单音节动词，"V满"后可以加体标记"了""过"，但是不能加"着"。例如：

（5）*走廊上站满着人。

（6）走廊上站满了人。

（7）走廊上站满过人。

（8）*周围充满着各种赞美声。

（9）周围充满了各种赞美声。

（10）周围曾经充满过各种赞美声，但现在却是一片批评之声。

所以，"冰箱里满着各种各样的食物"中还存在误代偏误，即用"满着"代替了"V满"。因此，"冰箱里满着各种各样的食物"应该改为"冰箱里放满各种各样的食物"或"冰箱里塞满各种各样的食物"。

"冰箱里满着各种各样的食物"中为什么会遗漏了动词？这是因为一般情况下，存现句中的动词表示事物存现的方式，在一定程度上动词也可以表示一种状态，而句中的补语"满"表示的是一种非常显性的、具体的存在状态，这容易让学习者误以为"满"是一个动词，从而遗漏了动词。此外，在现代汉语中也有"满"直接加体标记的表达方式。例如：

（11）满着呢，不要再倒了。

（12）满着呢，进不去了。

这类表达容易让学习者进行类推，把例（11）和例（12）的用法借用到存现句中，这也是一种目的语规则过度泛化的现象。

另外，学习者的母语也可能影响学习者，例如"充满"可以用英语单词"fill"来表达，由于英语中没有汉语这样类似的补语，英语的一个动词就能表达汉语中"V满"所表达的意思，这也导致学习者把汉语中的"满"当作动词。

我们把本节"偏误例句"中的句子改为：

（13）教室里坐满了人。

（14）树上开满了玉兰花。

（15）车里充满了烟味。

（16）车后备箱里塞满了东西。

# 52. 能不能说"左边坐着一个小李"？

偏误例句：

＊前面排着一个张晓明。

＊后边守着一个王斌。

＊东边坐落着一座泰山。

＊亚洲东部屹立着一个中国。

    "左边坐着一个小李"一句中是否存在偏误要看句子所在的语境，在一般的语境条件下，这个句子中存在偏误，即句子中多了一个数量短语，这是一个误加偏误。将其判定为偏误是因为句末的宾语是一个专有名词，而专有名词指向的是一个特定的个体，在缺乏相关语境的情况下，一般不能在其前面加数量短语。在某些特定的语境下，这类句子也可以成立。例如：

    （1）左边坐着一个小李，右边坐着一个小王，今天有伴儿了。

    （2）前边有一个魏现，后边有一个张强，这球就不用打了。

    从例（1）中可以看出，"左边坐着一个小李"的成立条件是其后跟着一个对举的句子"右边坐着一个小王"，且有其他成分，这个时候整个表达具有完整性，"左边坐着一个小李"成立。同样，例（2）中的"前边有一个魏现"和"后边有一个张强"形成对举，再加上后面的其他成分，句子就可以成立了。

    如果我们把"左边坐着一个小李"看作一个有偏误的句子，那么我们就要看一下是什么原因造成的。首先一般句子的末尾成分在信息结构当中都是新信息的焦点所在，也就是说它是说话人希望向听话人传达的信息，因此，句末宾语往往是无定的，名词前加数量短语可以使名词具有个体性，同时增加名词的无定性。学习者认为句末的成分就是焦点信息，因此在句末的宾语前加上了数量短语，这是一种语用偏误，是目的语语用规则过度泛化而产生的结果。

    另外，在某些隐现句中，即使句末宾语为专有名词，也可以在其前面加上数量短语。例如：

    （3）卫氏家族出了一个卫青。

    （4）云南省出了一个丽江，一下子声名大噪。

    （5）班上少了一个李明，顿时冷清多了。

    （6）我们组里走了一个赵岩，大家都没有了主心骨。

    隐现句的宾语是专有名词时可以加上数量短语或量词，这是因为隐现句中存现主体的出现或消失指的并不一定是专有名词代表的那个特殊个体，更多的是指专有名词代表的那一个类别中的个体，加上数量短语后专有名词就具有了类别中的某个个体的身份。

    在中高级阶段，学习者学习过隐现句中专有名词前可以加数量短语的结构，就很容易把这个规则泛化到存在句中，他们可能在存在句的专有名词宾语前加上数量短语，由此形成偏误。

对于低级阶段的学习者来说，汉语的普通名词前很多时候都可以加数量短语，特别是表示新信息的句末宾语前经常加数量短语，高频率的"数量短语＋名词"的输入，无疑会强化学习者对这个结构的认知，从而导致偏误的产生。

我们发现这类偏误时，要注意这并非是句法结构的偏误，因为单纯从句法上来说，这类句子都可以被判定为正确的句子。在判断学习者输出的一个语言表达形式是否有偏误时，不光要注意句法方面的因素，还需要注意语义和语用方面的因素。句法结构的偏误往往是显性的偏误，但是因为语用因素而造成的偏误往往是非常隐性的，仅单纯提取一个抽象的句子无法判定其中是否存在偏误。正确的偏误鉴别方法是，观察者联系上下文语境及说话时的社会语境，在比较完整和充分的语境条件下判断是否有语用偏误，在必要的时候，需要把学习者的中介语和母语者输出的语言进行对比。另外，鉴别语用偏误时，鉴别者的语感比语法知识更占有优势，学习者的中介语中往往存在大量的语用偏误，有时候隐性的语用偏误比显性偏误的数量更多，更难以鉴别，在观察学习者的中介语口语自由表达语料和作文语料时能更加明显地看到这一点。

对语用偏误的纠正难度比对显性偏误的纠正难度要大很多，很多高级阶段学习者的作文中已经很少出现语法偏误了，但是在词语选择、句式选择和句法复杂度等方面却存在大量的隐性偏误。因此，无论在汉语作为第二语言习得的研究中还是在汉语作为第二语言的教学中，都需要对研究者或教师的汉语水平有一个相当高的要求，只有这样才能够鉴别出那些隐藏在字里行间的语用偏误。在教学过程中，教师一般最关注的是语音、词汇、语法和汉字这些显性语言要素的教学，而往往忽略了语用方面的教学，在教学中倾向于提取单个抽象的、缺乏语境的语音、汉字、词语或句子进行反复讲解，做练习时也经常进行单个抽象的语音、汉字、词语或句子的操练，如给汉字注音、近义词或反义词填空、替换句子中的相关词语、造句等，甚至在测试时也使用上述方法，从而导致教师和学习者都过高地估计了学习者的真实汉语水平，这一点是我们特别需要注意的。

由于语用偏误不能像其他的显性偏误那样进行逐一纠正，甚至也很难进行具体的偏向性输入操练，所以在纠正偏误时，大量的、正确的目的语语料输入必不可少，同时输入的语料要求具有真实的交际意图和真实的语用环境。在口语语料输入中，需要完整的话轮输入；而在书面语语料输入中，需要提供完整的篇章。通过大量的目的语语料输入，教师可以实现隐性教学，学习者也可以实现隐性学习。大量的目的语输入是一种接近于第一语言习得的比较高效的方法，这种方法可以让学习者在真实的语言环境中不经意地学会总结包括存现句在内的各类构式的形式、意义及使用的语境，从而逐渐纠正各类语用偏误。

本节"偏误例句"中的句子可以改为：

（7）前面排着张晓明。

（8）后边守着王斌。

（9）东边坐落着泰山。

（10）亚洲东部屹立着中国。

# 53. 能不能说"一些文件放着柜子里"？

偏误例句：

＊许多人挤着公交车里。

＊各种各样的水果摆着桌子上。

＊很多视频和音频存着手机里。

＊证件放着口袋里。

"一些文件放着柜子里"一句中有一个错序偏误，即处所词语"柜子里"被错放在了句末。产生这种偏误的原因可能有好几个，其中的一个原因是母语负迁移，有的学习者的母语中表示地点的词语大都放在句末，一些学习者，特别是初级阶段的学习者，因为目的语知识掌握得不够全面，为了达到交际的目的，常常借用母语中的相关规则。例如：

（1）There's a strange smell coming from the bedroom.

（译文：卧室里传出一股奇怪的味道。）

（2）There's a woman in the kitchen.

（译文：厨房里有一位妇女。）

（3）There's a student in the classroom.

（译文：教室里有一个学生。）

（4）There is no flaw in the handicraft.

（译文：这个工艺品上没有瑕疵。）

例（1）～（4）都是英语中的"there＋be/V"存现句，句中的处所词语"from the bedroom""in the kitchen""in the classroom"和"in the handicraft"都位于句末。

另外一个原因是目的语规则过度泛化，现代汉语的一般叙述句中表示地点的词语通常放在主语之后动词之前，但是在有些常用的构式中，因为该构式结构的特殊性及表达的需要，表示处所的词语可能会被放到句末，比如"把"字句。例如：

（5）他把刚买回来的花种在花盆里。

（6）我们一般把手机里的照片转存到电脑里。

（7）护士把药送到了病房里。

在表达某物（V）在某处时，汉语也经常把处所词语放在句末。例如：

（8）同学们都在教室里。

（9）大家都在屋外。

（10）公司里的现金大部分都放在了银行里。

（11）一些不常用的东西往往搁在阁楼上。

如果从目的语规则过度泛化的角度来看，"一些文件放着柜子里"中的偏误还可以被看作杂糅偏误。学习者有可能把"把"字句、表示某物（V）在某处的句式及存现句句式糅合在一起，在形式上运用"把"字句和表示某物（V）在某处的句式的句法结构，又保留"V着"存在句中动词后面加体标记"着"的用法，输出"一些文件放着柜子里"这样的句子。

另外，导致出现杂糅偏误的原因也不完全一致，由于"把"字句向来是教学的难点，教科书和授课教师都会特别强调"把"字句的特殊结构，这会引起学习者在认知上的注意。汉语和学习者母语中的不同之处一方面可能会导致学习者使用回避策略，避免使用目的语中与自己母语有差异的语言表达形式，但是另一方面又可能会使学习者因为过分关注而将这种特殊的用法过度泛化到目的语的其他相关表达形式中。

母语和目的语相似但不完全相同时更容易引起偏误，例（8）和例（9）中的主语是施事主语，例（10）和例（11）中的主语是受事主语，偏误例句"一些文件放着柜子里"中的主语也是受事主语，例（10）、例（11）和偏误例句更加相似，也更容易引起目的语规则过度泛化。

一般情况下，某个偏误的产生可能有多种原因，但是各种原因起的作用在程度上有一些差异。初级阶段的学习者受母语的影响更大，而中高级阶段的学习者受到目的语规则过度泛化的影响更大，同时由于高级阶段的学习者更容易产生构式启动效应，即高级阶段的学习者在学习了某一个构式之后，能够自己总结规律，归纳其他相关的构式，因此，高级阶段的学习者在学会"把"字句和表示某物（V）在某处的句式之后，比低级阶段的学习者更容易归纳其他相关构式，在归纳过程中容易借助某些构式表达其他相似的构式，导致偏误的产生。

初级阶段的学习者除了受到母语负迁移的影响之外，也有可能受到目的语规则过度泛化的影响，比如初级阶段的学习者也许很早就接触到汉语中表示某物（V）在某处的句式，这种句式是一种相对高频的输入句式，当初级阶段的学习者所掌握的语言知识不足以使其正常地输出存现句时，他们可能会尽量借用母语和目的语中的相关语言知识，并且将其糅合在一起后输出存现句。因此，高级阶段的学习者产生杂糅偏误的原因可能是把高频输入的目的语句式和相对低频输入的目的语句式杂糅在一起，而初级阶段的学习者产生杂糅偏误的原因可能是把母语中的相关规则和目的语中高频输入的相关语言规则杂糅在一起，虽然两者都是通过杂糅的形式输出偏误句子，但是具体的原因却有所不同。因此，即使是形式上完全相同的偏误，教师在教学中也应该根据不同学习者的个体因素，分辨其输出偏误句子的原因，调整教学方法，有效地帮助学习者纠正偏误。

本节"偏误例句"中的句子可以改为：

（12）公交车里挤着许多人。

（13）桌子上摆着各种各样的水果。

（14）手机里存着很多视频和音频。

（15）口袋里放着证件。

# 54. 能不能说"椅子上一个小孩子坐着"？

偏误例句：

＊地上许多行李放着。

＊墙上一位工作人员的照片挂着。

＊衣服上泥水溅满了。

＊路上许多人站着。

"椅子上一个小孩子坐着"一句中存在错序偏误，句中的动词性成分"坐着"应该放在处所词语和存现主体之间，正确的句子应为"椅子上坐着一个小孩子"。汉语存现句的语序是处所词语、动词性成分、存现主体，句中的动词性成分、处所词语及存现主体都存在语义上的关联，如果使用象似性理论来解释的话，语言中具有距离象似性，这是指关系紧密的词语在形式上紧密相连，关系疏远的词语在形式上比较疏远，这个句子中的动词性成分"坐着"和前面的处所词语"椅子上"发生关联，指动作在什么处所发生，另外，动词性成分"坐着"还和存现主体"一个小孩子"相关联，指动作发出者做了某个动作。因此，"坐着"和"椅子上""一个小孩子"在结构上距离都非常近。

我们还可以用顺序象似性来解释。汉语的存现句是较明显的图形-背景模式，根据背景先于图形的原则，代表背景的处所词语应该放在句首，代表图形的存现主体应该放在句末，而距离象似性又要求动词放于处所词语和存现主体之间，在这两种象似性的共同作用之下，汉语存现句的构式形式应该表现为"$N_处 + V + N_物$"。"椅子上一个小孩子坐着"这个句子同时违反了距离象似性和顺序象似性，所以这个句子存在偏误。

此类偏误的产生可能与学习者的母语相关，比如在日语中一般情况下动词位于句子的末尾，如果学习者的母语为日语，受母语规则的影响，就可能出现上面这样的偏误。我们可以看一下日语例句：

（1）壁にスタッフの写真が掛かっている。

　　（译文：墙上挂着工作人员的照片。）

（2）テーブルの上に本がある。

　　（译文：桌子上有一本书。）

（3）教室にはたくさんの学生が座っている。

　　（译文：教室里坐着许多学生。）

另外，有时英语中的处所词语也可能居于句首位置，而动词性成分位于句末，如果学习者的母语是英语，或者在学习者的第二语言中学习者的英语水平比汉语水平高，也可能出现迁移现象，从而导致语际偏误的产生。例如：

（4）In this classroom, some students are studying.

　　（译文：教室里有一些学生正在学习。）

（5）On this tree, a bird is nesting.

　　（译文：树上有一只鸟正在筑巢。）

汉语中常见的主谓结构也会对学习者产生影响。在学习过程中，主谓结构在教师输入的语言或教材文本中高频率出现，这会给学习者留下一个印象，即汉语中的主谓结构是"名词性成分＋动词性成分"，这样就容易导致学习者在输出存现句时把动词放在句末，从而产生偏误。因此，这类偏误又可以看作因目的语过度泛化而导致的偏误。

我们把本节"偏误例句"中的句子改为：

（6）地上放着许多行李。

（7）墙上挂着一位工作人员的照片。

（8）衣服上溅满了泥水。

（9）路上站着许多人。

# 55. 能不能说 "走过来几个人从房子里"？

---

偏误例句：

*跳出来一条鱼从水里。

*跑出来一只小松鼠从笼子里。

*跑出来一个人从屋里。

*飞出来一群小鸟从树林里。

---

"走过来几个人从房子里"一句中存在偏误，该句把处所词语、动词性成分和宾语的位置弄错了，将本来应该放在句首的处所词语放在了句末，而本来应该放在句末的存现主体放在了句中，本来应该放在句中的动词性成分放到了句首，这是一个错序偏误。在一些语言中存在"动词性成分＋存现主体＋处所词语"这样的结构，学习者受到母语的影响容易形成这样的偏误。例如：

（1）There goes the throbbing in my head.

（译文：我的头开始痛起来了。）

（2）There goes the pain in my arm.

（译文：我的胳膊疼起来了。）

（3）There goes Mary into the room.

（译文：玛丽走进房间。）

（4）Here comes the pain in my fingers.

（译文：我手指疼。）

例（1）中的处所词语 "in my head"、例（2）中的处所词语 "in my arm"、例（3）中的处所词语 "into the room" 和例（4）中的处所词语 "in my fingers"都位于句末。例（1）中的动词 "goes"、例（2）中的动词 "goes"、例（3）中的动词 "goes" 和例（4）中的动词 "comes" 都出现在靠近句首的位置，而施事都位于动词之后，例（1）中的 "the throbbing"、例（2）中的 "the pain"、例（3）中的 "Mary" 和例（4）中的 "the pain" 都位于动词之后、处所词语之前。

如果学习者是初级阶段的学生，那么他们受到母语的影响会比较大，但是如果学习者是中高级阶段的学生，相对来说，他们受到目的语的影响会更大一些。但是一般情况下，不管是哪个阶段的学习者都可能会同时受到母语负迁移和目的语规则过度泛化的影响，只是受到不同因素影响的程度有所不同。有一点需要注意，因目的语规则过度泛化产生偏误的前提是学习者已经学习过相关的目的语规则。另外，比起语音和语用方面的因素，母语在句法结构上的影响维持的时间并不是太长，因为这是一种比较显性的影响因素，比较容易被学习者注意到并加以改正。而语用是比较隐性的因素，学习者往往到了高级阶段也难免会出现不少隐性的语用偏误，例如对于构式的选择，是使用一般叙述句还是使用存现句的结构来表达同一个场景，汉语母语者能够根据语境很快做出正确的选择，但是第二语言学习者往往倾向于选择自己习得最快、最典型的那些结构，直接代替或杂糅后代替正确的句子，这样就可能产生隐性的认知偏误。

还有一种情况是，汉语的存现句中有不少下位小类，有的存现句之间可能只有一些细微的差别，如何训练学习者辨别清楚这些细微差别从而选择正确的构式，避免误代或杂糅，这是教学中应该重视的地方。

我们把"偏误例句"中的句子改为：

（5）从水里跳出来一条鱼。

（6）从笼子里跑出来一只小松鼠。

（7）从屋里跑出来一个人。

（8）从树林里飞出来一群小鸟。

# 56. 能不能说 "有一个杯子在桌子上"？

偏误例句（以下例句根据语境被判断为存在偏误）：

＊有一个人在教室后面。

＊有三栋房子在学校前面。

＊有一些泥土在衣服上边。

＊有一些人在街上。

"有一个杯子在桌子上"一句中是否存在偏误，需要观察上下文语境，根据语境判断句中是否存在偏误，该句是依据上下文语境被判断为存在偏误的句子，句中的偏误为错序偏误。在存现句中表示处所的词语应该放在句首的位置，该句可改为"桌子上有一个杯子"。原句中的介词"在"在改为正确的句子时，一般应该删掉，如果介词"在"还置于句首的话，可能又会出现一个新的偏误，即误加偏误。这个句子中的错序偏误大概率是受学习者母语的影响形成的，如受到了英语的影响。例如：

（1）There are some students in the classroom.

（译文：教室里有一些学生。）

（2）There are some books in the bag.

（译文：书包里有一些书。）

学习者直接把英语中的形式主语"there"翻译为汉语的动词"有"，并按照英语的语序进行排列，把表示处所的词语放在了句末，从而导致以上偏误的产生。

另外，某些学习者也可能受目的语本身的影响产生这样的偏误，比如汉语中有这样的表达：

（3）我们走进去的时候，看到有一个杯子在桌子上，里面装满了茶水。

学习者在看到例（3）中的"有一个杯子在桌子上"后，可能把它当作一个正确的存现句加以模仿并输出。还有另外一个可能是学习者同时受到母语负迁移及目的语规则过度泛化的影响，从而输出"有一个杯子在桌子上"这样的偏误句子。

在教学中还应该注意不同的学习者虽然可能同时受到了多个因素的影响，但是这些因素对学习者的影响程度可能存在个体差异，教师应根据学习者的年龄、学习汉语的时间长短、学习策略、母语背景及学习者习得的其他语言等情况进行综合判断，这样才能够有的放矢。即使多个学习者出现相同的偏误现象，教师也要根据学习者的不同情况采用不同的教学手段。

"有一个杯子在桌子上"这个句子中可能还隐藏其他的偏误，输出该句子的学习者可能还希望表达出存现主体的具体存在方式，但是在具体输出时可能因为想要避免出现偏误，采取了简化策略，在句子中没有说出存现主体的具体存在方式，用较为熟悉的动词"有"代替表达具体存在方式的动词，把原来较为复杂的表达方式简化为更加简单的表达方式，这是学习者在使用第二语言进行交际时常常采用的交际策略。

另外，当存现主体为施事时，汉语母语者会使用动态存在句进行表达，而汉语学习者则倾向于选择忽视存现主体明显的动作行为，在语言表达中回避动态动词，改用动词"有"进行替代。例如：

（4）水里有鱼。（汉语学习者语句）

（5）水里游着一群群鱼。（汉语母语者语句）

学习者采用的这种回避策略也可能出现在句子"有一个杯子在桌子上"中，即学习者可能想要表达"桌子放（摆）着一个杯子"，但是因为害怕会在使用动词时出错，就用自己更加熟悉并且在语义上更加简单的动词"有"代替了"放（摆）"。这是一种比较隐性的偏误，因为教师往往无法从句子的表达上判断出偏误，需要对学习者有比较深的了解才能确认这类偏误。这是学习者为了避免出现错误的表达而采取的一种简化策略，在实际的交际场景中，简化策略可能会导致学习者输出的语言中存在隐性偏误，但是对于交际本身而言，这样的表达基本上能保证交际的正常进行，一般不会产生太大的影响。如果学习者的说话对象是汉语母语者，在学习者多次使用简化策略却能够进行正常交际后，学习者得到的反馈信息就是自己的表达方式是正确的，此后可能会不断地使用这种简化策略，这样一方面会使偏误更加固化，另一方面可能会导致更多类似偏误的产生。因此，在教学中教师应该更加关注显性偏误后面可能隐藏着的隐性偏误，在和学习者进行交流时，根据语境使用更多种类的存现句表达方式，并加大可能出现隐性偏误的句子的输入频率，更加有效地纠正学习者的偏误。

例（4）中还有可能存在另外一种隐性偏误，即学习者本来想要表达的是某个处所出现了某种事物，需要采用出现句进行表达，但是学习者可能处于初级阶段，还没有学过出现句，所以用典型性较高的"有"字存在句代替出现句。如果学习者是中高级阶段的学习者，已经学过出现句的表达方式，但是由于出现句中的动词后面经常需要加上体标记或者补语，增加了输出的难度，此时学习者也可能采用回避策略和简化策略，把出现句改为"有"字存在句，从而导致误代偏误。

综上所述，本节"偏误例句"中的句子可以改为：

（6）a. 教室后面有一个人。

　　b. 教室后面站着一个人。

　　c. 教室后面进来一个人。

（7）a. 学校前面有三栋房子。

　　b. 学校前面建有三栋房子。

　　c. 学校前面出现三栋房子。

（8）a. 衣服上边有一些泥土。

　　b. 衣服上边沾着一些泥土。

　　c. 衣服上边沾上了一些泥土。

（9）a. 街上有一些人。

　　b. 街上走着一些人。

　　c. 街上走过来一些人。

# 第四部分　存现句教学的相关建议

## 57. 存现句教学如何导入?

在第二语言教学过程中,如果教师要教授一个新的语言点,需要经过导入的环节。所谓导入,是指学习新知识、处理新材料之前教师所采用的促进学习者理解新知识的语言或行为。现代汉语存现句的教学同样必须经过导入这一环节,存现句表示某地出现、存在或消失了某物,这种句子适用于场景的描写,在教学过程中,教师可以运用各种手段导入场景的描写和叙述,使学习者能够更快地了解教师将要教授的内容。

存现句教学的导入手段多种多样,常见的有以下几类:

### 一、现场场景描述式导入

教师通过介绍现场场景中存在的事物,导入存在句。

教师:同学们,今天我们来学一个新的知识点,在讲述这个知识点以前,我想请大家用自己的语言描述一下我们今天上课的教室里有什么东西。比如大家先告诉我黑板前面有什么,黑板上写了什么字。然后大家再告诉我,讲台上面放着什么,电脑旁边是什么,墙上挂的是什么。回答完这些问题之后,请每位同学告诉旁边的同学,你的前后左右坐着哪些同学。

在上面的问答结束后,教师再将大家的注意力转到墙上挂着的地图上,继续进行问答。

教师:请大家看一下墙上的地图,请 A 同学告诉我中国的东北有哪几个省,中国的西南有哪几个省,中国的北边有哪几个国家,中国的南边有哪几个国家。我们今天来学一种新的句子,这种句子叫作存在句,表示在某个地方存在某种事物……下面,我把大家刚才回答的句子写在黑板上,这些句子就是我们所说的存在句。

## 二、回忆场景描述式导入

教师通过提问，让学习者根据自己的回忆描述某个场景中存在的事物。

教师：我们现在做一个小练习，大家每天在校园中学习和生活，我想问一下，大家经常去的地方比如食堂、教室、图书馆、体育馆、操场等的周边还有哪些建筑或者设施？请你告诉我食堂的前后左右有哪些建筑物。另外，请大家描述一下你宿舍里的摆设，请告诉我你的宿舍靠窗的地方放着什么东西，屋里的什么位置摆放着衣柜，书桌上经常摆放哪些学习用品。

## 三、视频场景描述式导入

教师播放相关视频，引导学习者描述视频中出现的场景，由于视频中可以播放动图，所以视频场景描述不仅适用于存在句的教学导入，也适用于隐现句的教学导入。比如教师可以准备一段介绍北京风光的视频并录制解说词，将各类存现句句式巧妙地融入解说词中，在课堂上通过视频与解说词给学习者介绍北京哪些地方有什么著名景点。如果需要导入隐现句，教师可以配合视频中出现的画面或图片，向学习者讲述某个场景中出现或消失了某物。存现句教学导入还可以利用相关的影视剧画面，使导入更具有交际的真实感。

在存现句教学的导入中，为了让学习者区别存现句和其他表示存现的句子，教师导入时应尽量使用场景描述的方式，教师可以在导入中和学习者进行互动问答，并尽量使用存现句进行提问，为学习者设置好使用存现句的上下文语境，引导学习者使用存现句句式回答问题或完成练习。

另外，汉语存现句描述的场景中不仅有静态的画面，也有动态的画面，比如动态存在句以及隐现句描述的都是动态的场景，在这些句子的教学导入中，应尽量使用能够播放动态画面的视频资料，让学习者通过观摩视频区别动态存在句和隐现句。

# 58. 存现句教学中如何选择实例?

在现代汉语存现句教学过程中，如何选择教学实例，选择什么样的教学实例，这对学习者最终的习得效果至关重要。

这里所说的教学实例指第二语言习得理论的输入，输入材料为第二语言学习者听到或看到的第二语言语料，包括口语语料和书面语语料。首先，我们必须明确我们的教学活动和目的都是基于使用的，因此，教师向学习者输入的语料也必须是基于使用的。教师向学习者输入的语料应当在尽可能的范围内无限接近于真实的言语交际活动，或者教师可以向学习者输入直接从真实的言语交际活动中获取的语料。在向学习者输入语料时，教师需要注意以下几点：

## 一、教师应该尽量选择在真实交际活动中产生的存现句进行输入

由于很多非存现句也能表达事物的出现、存在或消失，人们必须根据语境才能决定什么情况下使用存现句，因此，在进行存现句教学时，教师应该提供相对完整和真实的语篇或话轮，这样才能让学习者了解存现句实例所在的语境，从而学会应该在什么样的情况下使用存现句。

在口语语料的输入中，教师可以选择影视节目中关于场景描述的片段，截取相对完整的影视场景并播放给学习者。

而在书面语语料的输入中，教师可以截取小说、散文等文学作品中具有较多存现句的描写场景的片段，让学习者进行阅读，如果是高年级的学习者，甚至可以让其阅读整篇文章，比如可以提供以下的书面语语料：

姜家住的虽然是早期的最新式洋房，堆花红砖大柱支着巍峨的拱门，楼上的阳台却是木板铺的地。黄杨木阑干里面，放着一溜大篾篓子，晾着笋干。敝旧的太阳弥漫在空气里像金的灰尘，微微呛人的金灰，揉进眼睛里去，昏昏的。街上小贩遥遥摇着拨浪鼓，那蓬腾的"不楞登……不楞登"里面有着无数老去的孩子们的回忆。包车叮叮地跑过，偶尔也有一辆汽车叭叭叫两声。

——张爱玲《金锁记》

教师可以把输入的书面语语料中的存现句实例勾画出来，以提醒学习者注意该类句式。我们可以看到上面这段从小说直接截取的语料中包含了三个不同的存在句句式，即"V着"存在句——"黄杨木阑干里面，放着一溜大篾篓子，晾着笋干"，"有着"存在句——"那嘈腾的'不楞登……不楞登'里面有着无数老去的孩子们的回忆"，以及"有"字存在句——"偶尔也有一辆汽车叭叭叫两声"。其中"V着"存在句中有两个存现主体和两个动词；"有着"存在句的句首处所词语是一个隐喻表达，即"声音是容器"，这个存在句中的宾语修饰语也不是典型的数量短语，而是表示描述的多重定语，句中的宾语"回忆"也是一个隐喻表达，即"回忆是实体"；"有"字存在句句首的处所词语使用时间词语进行隐喻，即"时间是地点"，并且这个存在句带有后续成分，句中的存现主体是后续成分的主语。由此可见，教师仅仅提供一个不太长的场景描述，学习者就能获得非常丰富的存在句实例输入，而且这些实例都出现在一个较为充足的语境中，同时在这些实例中往往有一些特殊的用法或不太典型的用法，其输入语料的丰富性和多样性是教科书和教师课堂教学提供的实例所不能企及的。这样的实例输入可以使学习者第一时间了解到存现句的具体使用方法，减少或避免很多隐性语用偏误的产生，并能在今后的类似输出中吸纳这些输入的语料，使其变为隐性语言知识，最终成为学习者自己的第二语言系统中的一部分，实现真正的习得。

## 二、教师在输入时尽量不要修改交际活动中的真实语料

在教学中为了让学习者理解教师输入的语料，教师应在上课前选择符合学习者汉语水平等级的语料，这就是"可理解输入"。但是，有时候教师在教学过程中为了让学习者听懂或看懂输入的语料，可能根据教学大纲的等级规定，筛选或修改原有的真实语料，使其难度符合学习者的学习级别。[①]

另外，有的教师可能会根据已有的存现句习得顺序研究将教学顺序对应于习得顺序，降低或牺牲语料的真实交际功能，先教授先习得的句式或原型表达，后教授后习得的句式或非原型表达。这样的教学方法存在一些问题，经过筛选或修

---

① 不少教科书中的编排也采用这种方式。

改后的语料，常常因缺乏真实的交际意图而缺乏真实性，出现表达不自然、不地道等问题，这种教学方法还可能把一个在交际活动中高频使用但是难度相对较大的表达方式进行简化或删除，使学习者在课后接触到真实交际语境中的语料时出现听不懂、看不懂、无法进行有效交流的情况。因此，在教学中教师需要注意所有的教学过程都是基于使用的，只要是有利于交际的真实的语料输入，即使习得难度较大，习得顺序较晚，都应在需要交际时教给学习者。因为学习者的习得过程是一个发展的过程，任何语言表达形式的真正习得都要经历一个或长或短的时间段，教学顺序并不能改变习得顺序，学习者习得目的语的每一个发展阶段都不能遗漏或改变。完全按照习得顺序编排输入的语料，往往会破坏交际的真实性，并给学习者使用目的语进行交际带来障碍。因此，教师不能把学习者较后或最后习得的语言形式完全放到最后的教学阶段。举一个简单的例子，汉语声调中的阴平、阳平、上声和去声，上声的习得难度最大，习得时间最晚，上声连续出现时会发生语流音变，但是我们不能因为其习得时间晚，就把教授或输入上声的时间推后，导致"你好"这样的非常高频的打招呼方式不能在学习者一开始接触汉语时就得到输入。

教师在教授汉语存现句时，没有必要严格按照习得顺序编排存现句的各种句式并根据该顺序进行教学。通过对学习者的偏误调查，我们发现学习者存在大量的"有"字存在句泛化使用现象，这既有学习者第一语言干扰的原因，也有目的语规则过度泛化的原因，但是教科书中出现的实例和教师在课堂上所举的例子都倾向于首先教授（输入）高频出现的典型存现句句式或形式复杂度较低的存现句句式，这么做可能会强化学习者对"有"字存在句的印象，从而产出更多的"有"字存在句，出现更多的误代偏误。

# 59. 存现句教学中常见的课堂活动有哪些？

在现代汉语存现句教学中，学习者在学过存现句的句法结构和意义，并且接触大量存现句实例后，就可以基本掌握存现句这个语言点的知识。此时，教师应该通过让学习者参与课堂活动，使其把在课堂上学习到的语言知识运用到具体的交际情境中，复习所学知识点，并且进一步将这些知识固化，尽快融入自己的第二语言系统中。下面我们介绍一些适用于现代汉语存现句教学的课堂活动。

## 一、教学现场场景描述

因为存现句主要用于场景的描述，所以教师可以就地取材，最方便的场景莫过于教室，教师可以让学习者使用存现句描述教室中的场景，存现主体可以是教室中的任何物体，也可以是在场的师生。为了训练学习者使用隐现句，教师可以指挥一些学习者进出教室，并让另外一些学习者描述这一场景。教师还可以通过问答的方式训练学习者使用存在句描述现场场景，比如让学习者互相询问对方书包里有什么东西等。

## 二、听录音寻找正确的图片

教师可以先让学习者观看一些图片，这些图片可分为三到四组，每组中至少有两张十分相似但是在细节处又有不同的图片，在学习者浏览过这些图片以后，教师通过播放录音或现场描述等方式描述其中一张图片中出现的场景，让学习者根据描述寻找那张图片。上述的课堂活动可以调动学习者参与活动的积极性，让学习者能够在具体的、真实的交际活动中使用存现句，并且习得如何使用不同的存现句描述相似但细节不同的场景，培养和提高学习者运用语言进行交际的能力。

## 三、根据图片描述所看到的场景

教师出示图片让学习者观察并把所看到的场景写在练习簿上，然后请某位学习者在班上大声读出自己所写的内容，让其他学习者判断其描述的内容是否正确及有无遗漏。这个课堂活动也可以设计为教师播放视频和出示图片后，让一些学习者边观察图片，边用口语描述图片中的场景，最后让班上的其他学习者进行点评和修正。这个活动同样可以极大地提高学习者的参与兴趣，训练学习者的写作技能和口语技能。参与点评和修正的学习者也可以通过这个活动发现自己存在的问题并加以改正。

## 四、介绍自己的家乡或自己所住的小区的位置和内部环境

教师可以先介绍自己的家乡或自己所住的小区，在介绍时应该注意根据语境灵活运用各种存现句句式，这样做一方面可以让学习者学会在什么样的情境下使用什么样的句式，另外，可以利用教师输入的语言材料引发构式启动效应，让学习者模仿教师说出相似的表达。教师的介绍可以为学习者提供相关情景中需要使用的常见词语或句式，之后教师再让学习者模仿教师输入的语料，介绍自己的家乡或自己所住的小区，实现相关语料的输出。

## 五、画图游戏

教师描述某一场景，学习者在练习簿上画出教师所描述的场景，再把所画的图片拍照发给教师，教师将其共享在课件上，让全班同学一起评价这些图片是否准确呈现了教师所描述的场景，此时教师也可以分享自己事先准备好的正确表现所描述场景的图片。

## 六、观看视频并描述视频中的场景和发生的事情

教师可以截取影视剧中的某些片段让学习者观看，看后让学习者描述视频中所展示的场景和发生的事情。在这个课堂活动中，学习者不仅要使用汉语描述事情发生的静态场景，同时还需要描述动态场景，这样的训练方式可以把存现句的学习融入真实的交际环境中，实现具有真实交际意图的语言交流，从而避免单纯机械性的操练。

# 60. 如何鉴别并纠正学习者的偏误？

偏误是学习者在学习第二语言时一定会遇到的问题，所谓偏误是指第二语言学习者在输出第二语言时出现的普遍性的、有规律的、顽固性的错误。在教学中，教师应该注意区别偏误和口误，偏误是系统性的，可能多次出现，并且学习

者不能辨识偏误，不能进行自我修正，而口误是偶然性的，是一次性的产出，学习者能够辨识口误，并且能够进行自我修正。由于偏误已经融入学习者的中介语系统中，学习者并不能自行辨识并且改正，因此，纠正偏误是第二语言教学中不可缺少的环节。

在纠正偏误以前，教师应该认识到偏误是学习者中介语系统中的一部分，通过偏误可以让教师认识到学习者在习得第二语言过程中存在的问题。但是教师更应该注意到偏误并不是只有负面影响，相反，偏误实际上是学习者在使用第二语言进行交际的过程中，希望融入交际活动，表达出自己想要表达的意义时进行的一种努力，它是学习者运用的一种交际策略。当学习者在使用第二语言进行交流时，由于其第二语言知识不足以支撑交流的顺利进行，学习者会调用第一语言或第二语言的相关知识，以使交流得以正常进行。

学习者使用第二语言进行交际时，如果刻意避免偏误，反而会导致交际中断或无法顺利进行。因此，在第二语言教学中，教师不必为学习者的偏误而感到沮丧和过度焦虑，教师可以使用各种策略和手段帮助学习者减少或避免偏误的产生。在帮助学习者纠正偏误之前，教师需要做的第一件事是鉴定偏误。首先，教师需要区别顽固性的、系统性的偏误和偶然出现的口误之间的差异。在确认偏误时，我们往往更容易发现那些形式上比较明显的显性偏误，比如我们在调查学习者输出的汉语存现句时，容易发现那些经常出现的错序偏误，如学习者看到窗户上的窗花，想要描述自己看到的场景时，经常把存现句中句首的处所词语放在句末，输出"窗花贴在窗户上"这样的句子，而正确的表达应该是"窗户上贴着窗花"。另外，我们也比较容易发现学习者产生的遗漏偏误，比如遗漏存现句动词后的虚词或补语，遗漏修饰宾语的数量短语，如例（1）a 和例（2）a。

（1）a. *街上走很多人。

　　b. 街上走着很多人。

　　c. 街上走过来很多人。

（2）a. *桌子上放杯子。

　　b. 桌子上放着一个杯子。

　　c. 桌子上放了一个杯子。

　　学习者输出的语料中往往存在很多隐性偏误，这类偏误通常很难被发现或者容易被忽略。比如学习者的语料中极少出现无动存在句，这是因为很多学习者母语中的存现句一般都必须出现动词，所以学习者在学习汉语存在句时，往往容易受到母语的干扰，从而产生负迁移。另外，汉语中的无动存在句本身就不是一个比较典型的句式，在汉语中的出现频率也不太高，对学习者来说某种语言形式如果出现频率不太高，习得该语言形式的难度往往会加大，因此，学习者可能会采用回避策略，不输出无动存在句，而是调用其他更熟悉的存现句句式代替无动存在句，出现目的语规则过度泛化的现象。因此，单从语言的显性形式上来看，学习者输出的语料中并没有显性偏误，这就给教师造成一个错觉，以为学习者没有任何偏误。教师应该特别关注那些像无动存在句一样在汉语存现句范畴中原型程度较低的句式，如果和汉语母语者相比，学习者较少或没有使用某类句式，那么很可能是学习者并没有真正习得该类句式，这是一种很难发现的隐性偏误。

　　学习者使用"有"字存在句的频率远远高于使用其他存在句的频率，这些在形式上看起来完全正确的"有"字存在句往往容易被教师判定为正确的输出。但事实上，学习者可能采用了简化策略和回避策略，使用形式复杂度较低或者是自己更为熟悉的原型性较高的表达方式代替了那些复杂度较高或者原型性较低的表达方式。那么，教师应该怎么鉴别这些存在隐性偏误的存现句呢？首先，教师应该调查现代汉语存现句各句式在汉语母语者中的使用频率，然后对比汉语母语者的语料和第二语言学习者的语料，找出使用频率差异较大的部分，以此判断第二语言学习者是否出现了该类偏误。

　　确定哪种存现句存在过多使用或过少使用的现象之后，还需要确定具体的偏误是哪一种。这时，教师需要依据上下文语境判断学习者的哪个表达句式属于偏误，从而在教学中能够有针对性地进行纠正。

　　确定偏误之后就进入了纠正偏误的环节，首先需要注意的是，在教学过程中，教师不应该逢错必纠，这里有两个原因：第一，学习者出现错误的表达，有时可能只是口误，而不是偏误，因此，没有必要加以纠正；第二，教师不宜每次都打断学习者的话进行纠正，因为这样做会打断学习者的思路，增加其输出的难度，有时还可能会加深学习者的情感焦虑，使学习者减少相关口语的输出，阻碍学习者顺利习得第二语言。

教师在纠正偏误时，特别是在口语会话中纠正偏误时，使用反问或者重复的方式会起到更好的效果。教师应积极参与学习者的语料输出过程，增加和学习者之间的交际互动，把学习者的口语操练过程变为具有实际交际意图的口语交流过程。在学习者的输出过程中，教师应适当加入谈话活动，发现学习者出现偏误时，教师可以采用反问的方式或确认性重复的方式纠正偏误。例如：

学习者：房间里有一张桌子，桌子上有一个杯子，杯子里有一半的水。

教师：是吗？你是说房间里摆着一张桌子，桌子上放了一个杯子，杯子里有半杯水吗？

学习者：是的，房间里放着一张桌子，桌子上有一个杯子，杯子里有一半的水。

教师：桌子上放了一个什么样的杯子？

学习者：桌子上放了一个玻璃的透明杯子。

教师：杯子里有满满的一杯水还是有半杯水？

学习者：杯子里有半杯水。

以上的会话是我们所做过的一个调查，教师要求学习者描述一个场景时，学习者过度地使用了"有"字存在句，其输出的三个存在句都是"有"字存在句，而教师通过确认性的重复或反问，输入了"V了"存在句和"V着"存在句，学习者无意识地重复了教师输入的正确语料。从上面的语料中还可以看到，学习者不知道怎么输出宾语前的数量短语，于是使用了相近的表达方式"杯子里有一半的水"，在最后两句问答中，教师使用了选择问句，并输入了数量短语的正确表达形式，让学习者进行选择，学习者马上选择了正确的表达形式，并重复了教师的话语。在这段对话中，我们看到学习者出现了两个偏误：一个是隐性偏误，学习者过度地使用了"有"字存在句去代替其他的存在句；另一个是显性偏误，学习者不知道"半杯水"怎么说，使用"一半的水"代替"半杯水"，因而出现了误代偏误。通过教师和学习者之间的问答，我们发现学习者听到正确表达后一般能够很快进行自我纠正。我们又进行了后续调查，发现学习者在之后的谈话中，会不自觉地使用教师输入的正确表达方式，其正确率达到了85%以上，而在两到三次重复以上的会话训练之后，学习者输出语料的正确率达到了 95% 以上，这说明这样的训练方式具有较好的效果。此外，在全程的训练中，学习者几乎没有意识到教师正在纠正其偏误，这样做无疑大大降低了学习者因情感焦虑而产生的负面影响。教师将显性的教学和显性的学习化为隐性的教学和隐性的学习，使整个教学过程更像一个高效的自然习得过程。

当学习者出现一些比较顽固的偏误，在交际互动中使用反问或重复的方式都不能纠正某个偏误时，教师还可以使用"偏向性输入"的方式进行纠正。所谓偏向性输入方式，是指当教师遇到学习者输出某个偏误形式，并且在交际互动中经过一再重复或反问还是不能纠正时，教师可以在短时间内增加正确表达形式的输入频率，比如在教师的输入语料中，故意加大该表达形式的输入量，一而再再而三地重复该表达形式。这是一种强化输入方式，根据相关研究，偏向性输入有益于纠正顽固的偏误。但是在进行偏向性输入教学的时候，教师也应该注意反复输入同一个语言表达式往往会增加学习者的情感焦虑，因此，偏向性输入应该有一个度的控制，比如教师可以在课堂中的某一时间段内使用偏向性输入，但次数不宜过多，到下一次上课时再次使用偏向性输入，这样能够避免学习者产生厌倦无聊的情绪。

另外，在教学过程中，教师应该注意到偏误是一个比较顽固的现象，很多时候并不能靠几次训练或几节课的教学就完全纠正，并且偏误可以看作是一种在语言发展过程中不可避免的现象，它随着语言的发展而出现，很多偏误即使教师不进行刻意的纠正，也会随着习得的发展自然而然地减少甚至消失。因此，教师应该以一种更加宽容的态度对待学习者的偏误，这样更有益于帮助学习者进一步提高自己的第二语言水平。

# 61. 如何运用交际教学法设计存现句教学过程?

交际教学法是教学过程交际化的一种教学方法，该教学法要求学习者不仅要掌握语言的使用规则，而且要能够在相应的语言环境中得体地使用语言进行表达。交际教学法的目的是培养学习者的语言交际能力，判断学习者是否具有语言交际能力，不仅仅要看其在语言表达上是否符合语言规律，而且还要看学习者是否通过语言的交流真正达到了交际目的。这种教学法更加重视学习者输出语言的得体性和流利程度，对学习者在交际表达中出现的偏误采取宽容的态度，不会逢错必纠。下面我们采用交际教学法设计现代汉语存现句的教学过程。

## 一、展示学习材料

教师向学习者展示本课需要学习的材料，这些材料是题为"故宫简介"的一段视频，视频中介绍了故宫的一些主要宫殿的具体位置、用途、相关典故，以及各个宫殿里的其他建筑和雕塑的特点，视频通过会话者双方的一问一答，展现了故宫的特殊风貌。教师在给学习者播放完这段视频后，向学习者介绍视频中说到的相关人物及发生的重要事件，并给学习者补充相关的历史知识和文化背景。

## 二、模拟操练

教师从该段视频中选取重点词语、相关语法规则及特殊表达式进行讲解，并引导学习者进行模仿操练，之后再进行强化训练，在输入和输出两方面都进行一定程度的重复和强化，其中，操练的重点是视频中大量出现的存现句式。

## 三、自由操练及讨论

教师给学习者分组，让他们分别扮演导游和游客，模仿视频进行配音，具体的操作方式如下：

教师首先打开视频让学习者分别扮演视频中的不同角色，并同步为视频中的人物配音，学习者可以边看视频及视频上的字幕边配音（此过程可根据需要重复2~3次）。

教师再次播放该视频，并关掉视频中的声音，学习者根据视频中字幕的提示给自己所扮演的角色配音，在配音前教师需要要求学习者尽量模仿刚才所听到的人物的语气和语速，尽量在视频中人物开口说话时进行同步配音。

教师第三次播放视频，关掉声音和字幕，鼓励学习者尝试在没有声音和字幕的情况下边观看视频，边给角色配音（关掉字幕是为了让学习者避免过于依赖文字材料，只注意文字的形式，而忽略了会话表达的意义）。

随后进入讨论阶段，教师提供一定的语境让学习者通过交谈、辩论、讨论、讲故事等方式围绕刚才视频中播出的内容进行自由交谈和讨论。

分组讨论中，教师也可以提供一定的讨论题目。例如：

（1）如果你是太和殿的建筑设计师，你会怎样设计太和殿？

（2）如果你生活在雍正年间，你会做些什么事情？

（3）如果有人问你养心殿怎么走，你应该怎么说呢？

（4）你知道皇帝的衣食住行有哪些讲究吗？

（5）你能否介绍一下太和殿主要是用于举行什么仪式的？

（6）请你介绍一下三希堂的布置情况。

（7）太和殿初次建成后发生了什么事？后来怎么样了？

## 四、布置作业

教师提供视频，让学习者在课后观看并模仿视频进行配音，然后讨论视频中的内容。

# 62. 如何运用构式及构式启动效应设计存现句教学过程？

现代汉语存现句包括存在句和隐现句，其中存在句包括"有"字存在句、"是"字存在句、"V 着"存在句、"V 了"存在句、光杆动词存在句、无动存在句及"V 有"存在句等，而这些存在句又可以进行下位分类，比如"V 了"存在句还包括"V 满了"存在句。隐现句包括出现句和消失句，出现句和消失句的下位分类又包括"V 了"句、"V+趋向补语"句和"V+结果补语"句。这些句式都属于存现句范畴，它们之间不仅形式比较接近，而且都带有"某处出现、存在或消失了某物"的语义，在教学中怎样分辨这些不同的句式成为一个难点。同时，学习者也容易因为存现句下位句式数量众多产生混淆，经常使用某一个句式代替另一个句式，从而出现误代偏误，如学习者使用"有"字存在句代替其他存在句，所以"有"字存在句的输出频率远远高于其他存在句。另外，在学习者的偏误中还存在大量错序偏误，这是因为汉语存现句的句法结构和其他句子的句法结构不完全相同，学习者在进行话语交流时容易出现错序偏误。

在这一节中，我们将使用构式语法来解决这一教学中的难点问题。这里首先要弄清楚所谓的构式是什么。构式是一个形式-意义的配对体，每一个构式都对应一个形式和一个意义，构式的形式和意义都非常强调整体性，它的形式和意义都不能从构式中的某个构成成分或者其他的构式中推测出来。[①]因此，我们在使用构式进行教学和学习时，应该从句子的整体性上把控汉语存现句的教学。

我们将这种把构式语法融入教学中的教学方法称为构式教学法。构式教学法可分为两类：一类是演绎式构式教学法，即先把构式的形式和构式的中心意义总结出来呈现给学习者，再对构式的意义和形式进行简单讲解，然后再给学习者补充该构式的实例；另一类是总结式构式教学法，即先给学习者大量提供某一构式的实例，然后引导学习者学会如何从这些实例中总结出该构式的形式和意义。

下面，我们将举几个使用构式教学法设计存现句教学的例子。

## 一、演绎式构式教学法

（一）构式的概括

教师在某节课要教"V 着"存在句，首先可以在黑板或 PPT 上总结"V 着"存在句的构式形式和构式意义。

构式形式：某处+"V 着"+某物。

构式意义：某物存在于某处，并保持着动作"V"或动作"V"完成后的状态。

（二）构式实例的呈现

概括完"V 着"存在句构式的形式和意义后，教师可以把该构式的实例呈现给学习者。例如：

---

① 参见 Adele E.Goldberg《构式：论元结构的构式语法研究》，吴海波译，北京：北京大学出版社，2007年。

（1）桌子上放着一本书。

（2）书包里装着一个文具盒。

（3）门上挂着一个书包。

教师提供"V 着"存在句的例句之后，可以让学习者根据例句和已经概括出来的"V 着"存在句构式说出近似的例句，并采用重述、确认或直接纠正的方式引导学习者改正偏误，输出正确的表达。

这里需要注意，在初次学习"V 着"存在句时，教师应该举一些原型程度较高的实例，因为相关的研究已经表明，某个语言范畴中原型程度较高的成员更容易被习得。学习者习得原型程度较高的成员后，更加容易启动构式效应。"V 着"存在句包括静态存在句和动态存在句，其中静态存在句的原型程度最高，例（1）～（3）都是"V 着"静态存在句，这三个例句不光原型程度非常高，而且句中的动词"放""装"和"挂"都是典型的静态动词，这些动词不仅可以表示动作，而且还可以表示动作完成后留下的状态。

## 二、总结式构式教学法

### （一）"V 着"静态存在句和"V 着"动态存在句

"V 着"存在句的下位构式包括"V 着"静态存在句和"V 着"动态存在句。在学习者学过静态存在句的构式后，教师再进一步教授动态存在句的构式，为了区别这两个构式，教师可以把静态存在句和动态存在句的实例都呈现出来，分别总结其构式的形式和意义。教师先给出"V 着"静态存在句的实例，如：

（4）桌子上摆放着一些碗筷。

（5）大门上贴着春联。

根据实例，教师引导学习者把"V 着"静态存在句的构式概括为：

构式形式：某处＋"V 着"＋某物。

构式意义：某物存在于某处，并保持着动作"V"完成后的状态。

教授"V 着"动态存在句时，教师先呈现"V 着"动态存在句的实例，如：

（6）旗杆上飞舞着一面旗帜。

（7）街上走着很多人。

根据实例，教师引导学习者把"V 着"动态存在句的构式概括为：

构式形式：某处+"V 着"+某物。

构式意义：某物存在于某处，并保持着动作"V"的状态。

学习者从上面两个构式的形式和意义的概括中可以看出，虽然这两个构式的形式是一样的，但是它们的意义并不完全相同。学习者把这些实例和概括出来的构式两相印证，就能很快区别这两个相近构式的异同之处，掌握这两个构式的正确使用方法。

（二）"有"字存在句和"V 有"存在句

首先，我们假定本节课教师要教会学习者分辨"有"字存在句和"V 有"存在句，教师分别举出这两个存在句构式的实例，先举出"有"字存在句的实例，如：

（8）教室里有很多人。

（9）窗台上有一盆花。

教师再举一些"V 有"存在句的实例，如：

（10）这家博物馆里藏有两件非常珍贵的商代文物。

（11）石碑上隐约刻有一些文字。

举完例子后，教师可以引导学习者从所举的例子中总结出这两个构式的形式和意义。

"有"字存在句的构式概括如下：

构式形式：某处+有+某物。

构式意义：某处存在某物。

"V 有"存在句的构式概括如下：

构式形式：某处+"V 有"+某物。

构式意义：某物以动作"V"的形式被特意留存于某处。

（三）"V 了"存在句和"V 了"隐现句

在区别"V 了"存在句和"V 了"隐现句中的出现句和消失句时，教师可以先举出这三个构式的实例，再教授学习者如何概括这些构式的形式和意义。

"V 了"存在句的实例如下：

（12）墙上挂了一幅画儿。

（13）瓶子里装了一些水。

"V了"出现句的实例如下：

（14）海平面处突然出现了一艘船。

（15）店里来了一位客人。

"V了"消失句的实例如下：

（16）相册里少了几张集体照。

（17）树林里死了不少小动物。

举完例子以后，教师再引导学习者概括这两个构式的形式和意义。

"V了"存在句的构式概括如下：

构式形式：某处+"V了"+某物。

构式意义：动作"V"作用于某物后使该物存在于某处。

"V了"出现句的构式概括如下：

构式形式：某处+"V了"+某物。

构式意义：某物通过动作"V"的形式出现于某处。

"V了"消失句的构式概括如下：

构式形式：某处+"V了"+某物。

构式意义：某物通过动作"V"的形式从某处消失。

上面三个构式都属于存现句范畴，它们的形式完全相同，构式意义既相关又存在差异。实例加构式概括能够让学习者很清晰地辨识出这些构式的用法及它们之间的关联和差别。

在进行近似构式举例时，教师需要注意所举实例中的动词应尽量是所学构式中高频出现的动词，因为这样的实例可以促进构式的习得，而且在一些构式中，构式意义的概括就是通过高频出现的动词来表述的。

使用构式教学法不仅能够使学习者很快掌握某一构式的形式特征和意义特征，而且能够让学习者较为容易地分辨近似构式之间的差异，从而避免在实际使用中出现混淆，减少偏误的产生。

使用构式教学法进行教学时，教师还应注意学习者的个体因素。学习者使用汉语的熟练程度与能否认识构式有关，也就是说相对于初级阶段的学习者来说，高级阶段的学习者更加擅长借助构式进行学习，因此，在教授高级阶段的学习者时，教师可以更多地使用构式教学法。

另外，教师还可以利用构式启动效应使学习者更快地习得某一构式。所谓构式启动效应，就是说话人说出或听到某个语法构式的实例后会更容易说出同一个语法构式的其他实例。因为构式启动机制会促使讲话者基于形式和意义进行范畴化，也就是说，学习者在学习过程中，如果得到了某个实例的输入，就会倾向于重复这一实例的结构，说出和这一实例在形式和意义方面都相近的另一个实例。这种学习方法是无意识的，而且是一种持续时间很长的内隐学习。教师可以利用构式启动效应举出一个存现句的实例，让学习者说出和已知形式相近的其他实例，比如教师说出这样的句子：

（18）杯子上刻有一些花纹。

然后就让学习者模仿自己所举的例子进行造句。此时学习者可能会说出下面的句子：

（19）书包上印有一些文字。

在教学中，教师应充分运用构式启动效应促使学习者进行隐性学习，这可以提高学习者习得构式的效率。因为在正常的话语交际中，教师很难做到把话语中出现的每一个构式都用显性的形式概括出来，而构式启动效应能让学习者自己通过教师输入的话语在大脑中自动对构式进行概括。由于平时教师在和学习者进行交际活动时输入大量语料，学习者根据教师输入的这些语料说出相近的话语时，就形成无意识的附带习得。比起教师用显性的方式帮助学习者总结构式的教学方法，构式启动效应能让学习者在相同的时间内习得更多的构式，从而提高学习者的习得速度，所以这是一种效率更高的教学方法。

### 三、布置作业

教师提供语料，让学习者总结语料中存现句的构式形式和意义，写一篇小作文或输出一段完整的会话；教师提供相应的存现句构式，让学习者根据构式输出实例。

# 63. 如何运用基于内容的教学法设计存现句 教学过程?

基于内容的教学法要求把第二语言教学和其他学科知识结合在一起,在教授其他学科知识时使用第二语言进行教学,该教学法以专题为纲,教学内容围绕所选择的专题展开。基于内容的教学法要求根据所学的学科知识安排教学内容,其形式表现为不是直接或单纯为了学第二语言而使用第二语言授课,而是在使用第二语言教授学科知识的同时,达到教授第二语言知识的目的。在学习其他学科知识时,学习者可以同时获得使用第二语言进行交际的能力。这种教学法和第一语言习得有相似之处,因为第一语言的习得就是儿童和周围其他人进行交流时自然习得的。基于内容的教学法使用的教材必须真实地道,教材中的内容来自某学科实际教授的内容。

下面我们将运用基于内容的教学法进行教学设计。

首先需要确定教学对象、教学时间、教学目标和教学内容。

教学对象:大学三年级历史专业本科生(教学对象全部以汉语为第二语言)。

教学时间:10课时(中国历史专题讲座)。

教学目标:在学习和讨论相关历史知识的同时,学习和操练现代汉语存现句。

教学内容:中国春秋战国时期的主要历史事件。

以下为基本教学环节:

## 一、准备学习材料

教师收集或整合相关材料,根据学习者的汉语水平进行改编并将改编后的材料发放给学习者。

## 二、进行授课

教师大致介绍春秋战国时期的概况后,要求学习者分节阅读,阅读完发放的材料后，教师对其中的一些重点内容进行讲解和分析，这些内容中可能包括如下一些存现句：

（1）某年发生了某件大事。

（2）在某个地方发生了战争。

（3）某年在某些诸侯国之间实现了结盟。

（4）某地发生了某件事，导致了某个结果。

（5）某个事件体现了某诸侯国的治理状况。

教师还可以根据地图向学习者介绍春秋战国时期各诸侯国所在的地理位置，可能使用到的存现句如下：

（6）某诸侯国的南面有哪几个诸侯国。

（7）某诸侯国和某诸侯国之间是另一诸侯国。

（8）某诸侯国的某个地方少了或多了多大的面积。

（9）某个事件发生后地图上还剩下哪几个诸侯国。

教师进行讲解后，鼓励学习者之间或师生之间就某一事件进行讨论。

## 三、结尾工作

（一）教师布置作业，要求学习者就课上内容写一篇分析性的文章，或要求学习者以小组的方式就课上内容中的某一部分展开讨论，并将讨论过程及结果用文字记录下来。

（二）教师总结上课的过程，评估当天所教授课程是否达到了原先设定的教学目标，分析上课视频或音频中语言输出和输入的互动情况，收集课堂上输入和输出中出现的存现句，分析各类存现句的出现频率及学习者输出汉语时的流利度，综合评估本节课中学习者习得存现句的情况，找出不足之处并加以改进。

# 64.如何运用任务型教学法设计存现句教学过程?

　　任务型教学法是一种通过让学习者完成任务来进行教学和学习的方法,该教学法要求学习者在一种真实的或模拟真实交际语境的环境中运用所学到的第二语言完成相关任务,该教学法特别适用于目的语国家教学环境。任务型教学法主要由前任务、任务环(或任务中)及语言聚焦三部分组成,在任务的选择和设定上,要尽量地反映复杂多样的真实世界中所发生的各种交际情景,该教学法具有较高的开放性、灵活性及实用性。下面我们使用任务型教学法,对现代汉语存现句进行教学设计。

## 一、前任务

　　教师向学习者介绍教学内容并布置需要完成的相关任务,并将教学内容中所涉及的相关主题背景进行一定的介绍,这个步骤可以通过图片、视频资料等方式加以实现。比如教师布置的任务是让学习者组成小组到某一公园中游玩,记录公园中的重要景点和游乐设施管理部门所在的具体位置,教师可以在任务开始前向学习者提供完成该任务需要的相关词语及句式。因为教学内容是汉语存现句,教师需要通过游戏、观看视频、做活动或做练习等方式向学习者提供或激活汉语存现句的各类句式和使用方法,需要提供或激活学习者记忆中的介词短语、"方位词+名词"、"V 着"、"V 了"、数量短语、"V+趋向补语"等短语或结构,教师还需提供公园内重要景点的名称及相关图片,向学习者阐明完成该任务的目的、要求及相关步骤,以使学习者能够配合教师顺利地完成教学任务。

## 二、任务环

　　因为存在句和隐现句所描述的场景有一定的差异,所以教师可以设计两个需要学习者完成的任务,分别为 A 任务和 B 任务,其中 A 任务的会话中可能出现较多的存在句,而 B 任务的会话中则可能出现较多的隐现句。

　　(一)A 任务:问路
　　学习者以小组为单位完成各自的任务,他们通过询问路人、上网查询的方式获取需要的信息，学习者之间也可以进行相互问答。例如：

　　请问大门旁边那个亭子是做什么用的？

　　那个拱桥的旁边是不是售票处？

　　你知道怎么去游乐场吗？

　　游乐场周围有没有什么醒目的标志？

　　餐厅在什么地方？

　　餐厅旁边有没有小超市？

　　超市货架上有什么饮料？

　　学习者在分配任务后分别完成相关任务，担任问询任务的学习者和公园里的管理人员或周围的游客进行交流，担任网上查询任务的学习者把查询结果告知同组成员。

　　情景1

　　学习者：你好，请问大门旁边有一个亭子，是做什么用的？

　　公园管理人员：你好，那个亭子是……

　　学习者：我想去购买门票，找不到售票处，那个拱桥旁边是售票处吗？

　　公园管理人员：是的，拱桥旁边就是售票处了。

　　情景2

　　学习者a：去游乐场的路怎么走？

　　学习者b：稍等，我上网查一下，游乐场离这里有点儿远，不太好找。

　　学习者a：游乐场旁边有没有什么醒目的标志？

　　学习者b：游乐场旁边有一条小河，游乐场大门口就有一座桥，过了这座桥，有一条林荫道，我们从左边过去就可以看到林荫道。

　　情景3

　　学习者：你好，请问餐厅在哪里？

　　公园管理人员：餐厅在那儿。

　　学习者：那个小超市隔壁就是餐厅吧？

　　公园管理人员：是的，顺着这里走过去，就是餐厅。

情景4

学习者：你好，我想买一点儿喝的。

超市服务员：你好，冰柜里和那边的货架上都是喝的，你自己去看一下想买哪一个？

学习者：货架上有某某牌绿茶饮料吗？

超市服务员：货架上主要是矿泉水。

学习者：那冰柜里有绿茶饮料吗？

超市服务员：冰柜里有的。

（二）B任务：观察进出人员并进行记录

学习者被分在不同的小组，各小组分别位于公园大门口、游乐场门口、渡轮售票处和餐厅门口。每一组成员需要仔细观察各自所在位置发生的事和进出的人员，注意这些人的外貌特征及穿着打扮并进行记录，学习者之间可以进行一定的交流。例如：

门口来了一个什么样的人？

这个人身上穿着什么样的衣服？

脸上显露出什么样的神色？

游客须知的牌子缺了一块，上面写的字少了哪些内容？

这里又多了一个空位。

桥下出现一艘船。

你的门票上多了一个章。

每组的成员分为观察者和记录者，分别承担不同的任务。观察者观察门口进出的人流并向记录者汇报进出人流的情况；记录者准备一个笔记本，通过和观察者之间的问答随时记下观察者传递的信息。

情景1

学习者a：快看，跑过来一个穿着运动服的小男孩儿。

学习者b：从哪儿跑过来的？

学习者a：从左边种着竹子的那条小路上跑过来的。

学习者b：小男孩儿的衣服是什么颜色的？

学习者 a：蓝色。

学习者 b：好的，从左边种着竹子的那条小路上跑过来一个穿着蓝色运动服的小男孩儿。

学习者 a：后面又来了一位女士，这位女士拉着小男孩儿从大门进去了。

学习者 b：嗯，后面又来了一位女士，拉着小男孩儿的手一起进去了。

学习者 a：快看，那里有一对年轻人。

学习者 b：在哪儿？

学习者 a：进公园大门右手边的电瓶车站上停着一辆电瓶车，从车上下来了一个女孩儿。哎呀！那女孩儿的包里掉出来一个东西。

学习者 b：什么东西？

学习者 a：好像是一个手机。

学习者 b：好的，我记下来了，从公园门口进门后右手边有一个电瓶车站，电瓶车站上停着一辆电瓶车，车上下来了一个女孩儿，从女孩儿的包里掉下来一个好像是手机的东西。

**情景2**

学习者 a：快看那边有一个小女孩儿正在哭，她好像是想进游乐场去玩儿，但她妈妈不同意。

学习者 b：嗯，刚才从门口进去了很多小朋友都是高高兴兴的，小女孩儿看到了，所以也想去玩儿。

学习者 a：你看，小女孩儿的妈妈一脸尴尬，她跟小女孩儿说了什么，小女孩儿笑了，肯定是她妈妈同意了。

学习者 b：咦，门口怎么突然出来了这么多人啊？

学习者 a：是刚从那边过山车上下来的。

学习者 b：好，我记一下，有个小女孩儿在门口哭，因为她妈妈不同意她去游乐场玩耍，这时从门口进去了很多小朋友，都是去游乐场玩儿的，看到小女孩儿哭，妈妈脸上露出一丝尴尬，她跟小女孩儿说了什么后，小女孩儿的脸上马上露出了笑容，这时门口突然出来了很多人，原来他们是刚从过山车上下来的。

## 三、语言聚焦

学习者完成任务后，向教师和全班同学进行汇报，大家一起对汇报的内容进行评估并提出建议。教师和学习者一起讨论完成该任务时学习者输出的汉语中存在的问题，总结汉语存现句的各种用法，根据相关语境进行操练。

## 四、布置作业

教师把学习者分为不同的小组，并布置和课堂教学相关的任务，让学习者在课后完成该任务，并在下次上课时进行汇报。

# 参考文献

埃里克·查尔斯·斯坦哈特（2019）《隐喻的逻辑：可能世界之可类比部分》，兰忠平译，北京：商务印书馆。

陈昌来（2014）《汉语"介词框架"研究》，北京：商务印书馆。

陈庭珍（1957）汉语中处所词做主语的存在句，《中国语文》8 月号。

储泽祥（1996）"在"的涵盖义与句首处所前"在"的隐现，《汉语学习》第 4 期。

崔璨、袁毓林（2019a）从跟"有"字存在句的替换限制看"是"字存在句的语义特点，《语言科学》第 2 期。

崔璨、袁毓林（2019b）存在句的关系结构及其转指偏向研究，《华文教学与研究》第 2 期。

崔璨、袁毓林（2020）存在句中及物动词施事的隐现问题研究，《当代语言学》第 3 期。

德克·盖拉茨（2012）《认知语言学基础》，邵军航、杨波译，上海：上海译文出版社。

董成如（2009）《存现句的认知研究——基于参照点的行为链模式》，苏州：苏州大学出版社。

董成如、许明（2014）存现句的语篇功能研究，《外语学刊》第 6 期。

杜丹、吴春相（2019）从分裂施格现象看汉语存现句的类型特征，《解放军外国语学院学报》第 4 期。

范方莲（1963）存在句，《中国语文》第 5 期。

范晓（2010）存在句的性质、范围、分类及其相关问题，载张先亮、范晓等《现代汉语存在句研究》，北京：中国社会科学出版社。

弗里德里希·温格瑞尔、汉斯-尤格·施密特（2009）《认知语言学导论》（第二版），彭利贞、许国萍、赵微译，上海：复旦大学出版社。

古川裕（2001）外界事物的"显著性"与句中名词的"有标性"——"出现、存在、消失"与"有界、无界"，《当代语言学》第 4 期。

胡文泽（2004）汉语存现句及相关并列紧缩结构的认知功能语法分析，《语言教学与研究》第 4 期。

胡旭辉（2010）汉语存现句的句法—语用界面研究，南京大学博士学位论文。

胡壮麟（2021）浅析"语音隐喻"的有关特性，《中国外语》第 4 期。

黄自然（2008）外国学生存现句偏误分析及习得研究，南京师范大学硕士学位论文。

兰盖克（2013）《认知语法基础》（第一卷），牛保义、王义娜、席留生等译，北京：北京大学出版社。

兰盖克（2017）《认知语法基础》（第二卷），牛保义、王义娜、席留生等译，北京：北京大学出版社。

雷涛（1993）存在句的范围、构成和分类，《中国语文》第 4 期。

李虹、齐沪扬（2009）汉语"V 满"结构的情状类型与句式选择，《西北农林科技大学学报》（社会科学版）第 2 期。

李杰（2009）试论发生句——对隐现句和领主属宾句的句式意义的重新审视，《世界汉语教学》第 1 期。

李莉华、熊学亮（2020）也谈汉语存现句中动词的非宾格性，《东华大学学报》（社会科学版）第 2 期。

李临定（1986）《现代汉语句型》，北京：商务印书馆。

李挺（2010）《语篇视角下的汉语存现句研究》，华东师范大学博士学位论文。

李宇明（1987）存现结构中的主宾互易现象研究，《语言研究》第 2 期。

刘街生（2013）存在句的动词考察，《汉语学习》第 1 期。

刘月华、潘文娱、故韡（2001）《实用现代汉语语法》（增订本），北京：商务印书馆。

卢英顺（2017）关于汉语"存在句"几个问题的新思考，《语言教学与研究》第 3 期。

陆俭明（2009）构式与意象图式，《北京大学学报》（哲学社会科学版）第 3 期。

陆俭明（2016）句类、句型、句模、句式、表达格式与构式——兼说"构式—语块"分析法，《汉语学习》第 1 期。

陆俭明（2019）《现代汉语语法研究教程》（第五版），北京：北京大学出版社。

鹿荣、齐沪扬（2010）"处所+V+受事"句法可逆的语义制约，《北京理工大学学报》（社会科学版）第 4 期。

鹿士义、邓彧君、杨诗雨（2019）"V 着"类存在句构式的语义特征及其提取，《当代外语研究》第 3 期。

吕叔湘（1999）《现代汉语八百词》（增订本），北京：商务印书馆。

吕文华（2014）《对外汉语教学语法讲义》，北京：北京大学出版社。

伦纳德·泰尔米（2017）《认知语义学》（卷Ⅰ），李福印等译，北京：北京大学出版社。

伦纳德·泰尔米（2019）《认知语义学》（卷Ⅱ），李福印等译，北京：北京大学出版社。

马志刚（2012）基于引元结构分析"V 着"汉语存现句的句法语义属性，《华文教学与研究》第 2 期。

聂文龙（1989）存在句和存在句的分类，《中国语文》第 2 期。

牛宝义、李香玲、申少帅（2020）《构式语法研究》，北京：外语教学与研究出版社。

潘文（2003）现代汉语存现句研究，复旦大学博士学位论文。

齐沪扬（1998）《现代汉语空间问题研究》，上海：学林出版社。

齐沪扬（2014）《现代汉语现实空间的认知研究》，北京：商务印书馆。

乔治·莱考夫（2016）《女人、火与危险事物：范畴显示的心智》（一），李葆嘉、章婷、邱雪玫译，北京：世界图书出版公司北京公司。

乔治·莱考夫（2017）《女人、火与危险事物：范畴显示的心智》（二），李葆嘉、章婷、邱雪玫译，北京：世界图书出版公司北京公司。

乔治·莱考夫、马克·约翰逊（2015）《我们赖以生存的隐喻》，何文忠译，杭州：浙江大学出版社。

秦亚勋（2010）专有名词存现句的构式地位及特征，《福州大学学报》（哲学社会科学版）第 1 期。

任鹰（2000）静态存在句中"V了"等于"V着"现象解析，《世界汉语教学》第1期。

任鹰（2013）"个"的主观赋量功能及其语义基础，《世界汉语教学》第3期。

芮旭东（2019）汉语存现句的句法特征及习得研究综述，《华北电力大学学报》（社会科学版）第3期。

杉村博文（2002）论现代汉语"把"字句"把"的宾语带量词"个"，《世界汉语教学》第1期。

沈家煊（2016）《名词和动词》，北京：商务印书馆。

史有为（1984）关于"动＋有"，载北京大学中文系《语言学论丛》编委会编《语言学论丛》（第十三辑），北京：商务印书馆。

束定芳（2000）《隐喻学研究》，上海：上海外语教育出版社。

束定芳（2008）《认知语义学》，上海：上海外语教育出版社。

束定芳（2011）《隐喻与转喻研究》，上海：上海外语教育出版社。

束定芳、史李梅（2019）《隐喻研究》，上海：上海外语教育出版社。

帅志嵩（2017）从词汇—构式范式看汉语存现句的分类和范围，《语言教学与研究》第3期。

宋玉柱（1981）略谈存现句的转换方式，《汉语学习》第3期。

宋玉柱（1982a）动态存在句，《汉语学习》第6期。

宋玉柱（1982b）定心谓语存在句，《语言教学与研究》第3期。

宋玉柱（1984a）从"定心谓语存在句"看存在句的结构分析，《汉语学习》第1期。

宋玉柱（1984b）为什么说"存现句"是主谓句？，《语文学习》第6期。

宋玉柱（1986）《现代汉语语法十讲》，天津：南开大学出版社。

宋玉柱（1987）存现结构及其句法功能，《逻辑与语言学习》第1期。

宋玉柱（1988a）存在句中动词后边的"着"和"了"，《天津教育学院学报》第1期。

宋玉柱（1988b）名词谓语存在句，《徐州师范学院学报》第4期。

宋玉柱（1988c）略谈"假存在句"，《天津师范大学学报》（社会科学版）第6期。

宋玉柱（1989a）评"存现宾语"，《汉语学习》第4期。

宋玉柱（1989b）完成体动态存在句，《汉语学习》第6期。

宋玉柱（1991a）经历体存在句，《汉语学习》第5期。

宋玉柱（1991b）《现代汉语特殊句式》，太原：山西教育出版社。

宋玉柱（1992）存在句的确认，《语文月刊》第11期。

宋玉柱（1993）存在句与兼语句相结合的句式，《语文月刊》第10期。

宋玉柱（1994）范围谓语存在句，《语文月刊》第6期。

宋玉柱（2004）存在句研究史上的一篇重要文献，《汉语学习》第1期。

孙宏林（1996）由"V＋有"构成的存在句，《世界汉语教学》第2期。

汪昌松（2021）句法－形态接口视域下的汉语存现句研究，《现代外语》第3期。

王红斌（2009）"$N_1$＋V满＋$N_2$"中"$N_2$"的结构和性质，《汉语学习》第1期。

王建军（2003）《汉语存在句的历时研究》，天津：天津古籍出版社。

王健（2007）现代汉语存现句研究综述，《常熟理工学院学报》第 1 期。

王晓亮（2006）汉语存现句式的认知分析，《南阳师范学院学报》（社会科学版）第 4 期。

王寅（2011a）《构式语法研究（上卷）：理论思索》，上海：上海外语教育出版社。

王寅（2011b）《构式语法研究（下卷）：分析应用》，上海：上海外语教育出版社。

王勇、徐杰（2010）汉语存在句的构式语法研究，《语言研究》第 3 期。

威廉·克罗夫特、D.艾伦·克鲁斯（2022）《认知语言学》，邵军航译，北京：商务印书馆。

温晓虹（1995）主题突出与汉语存在句的习得，《世界汉语教学》第 2 期。

宣恒大（2011）现代汉语隐现句研究，安徽大学博士学位论文。

杨华春（2010）存在句的认知分析，载张先亮、范晓等《现代汉语存在句研究》，北京：中国
　　社会科学出版社。

杨京鹏、袁凤识（2022）隐喻，转喻，还是隐转喻？——虚构运动认知理据研究，《现代外
　　语》第 4 期。

杨锐（2019）汉语无定专有名词的语义，《新疆大学学报》（哲学·人文社会科学版）第 4 期。

杨素英、黄月圆、高立群等（2007）汉语作为第二语言存现句习得研究，《汉语学习》
　　第 1 期。

姚占龙（2009）方位词"里、内"的方位表达及其范畴化，《汉语学习》第 6 期。

张伯江（2006）存现句里的专有名词宾语，载中国语文杂志社编《语法研究和探索》（十三），
　　北京：商务印书馆。

张伯江（2018）现代汉语的非论元性句法成分，《世界汉语教学》第 4 期。

张伯江（2021）复杂句式的扁平化——纪念朱德熙先生百年诞辰，《中国语文》第 1 期。

张耕（2021）从动态存在句看及物动词施事的隐现，《汉语学习》第 4 期。

张静（1980）《新编现代汉语》（上册），上海：上海教育出版社。

张静（1980）《新编现代汉语》（下册），上海：上海教育出版社。

张旺熹（2016）《汉语句法的认知结构研究》（修订版），上海：学林出版社。

张先亮、范晓等（2010）《现代汉语存在句研究》，北京：中国社会科学出版社。

张新华（2013）从存现句的形成看其结构原理，《语言教学与研究》第 1 期。

张谊生（2019）汉语介词及介词短语再演化的模式、动因与功用，《语言教学与研究》第 5 期。

张志公（1953）《汉语语法常识》，北京：中国青年出版社。

周芳、刘富华（2002）现代汉语隐现句的构成及其相互关系，《汉语学习》第 3 期。

Adele E. Goldberg（2007）《构式：论元结构的构式语法研究》，吴海波译，北京：北京大学出
　　版社。

Adele E. Goldberg（2013）《运作中的构式：语言概括的本质》，吴海波译，北京：北京大学出
　　版社。

# 后记

　　首先，感谢齐沪扬老师的邀请，非常荣幸能够参与本课题组并承担《存现句》一书的撰写工作。

　　现代汉语存现句的研究成果十分丰硕，在本书的写作过程中，我一直在考虑怎样挖掘到存现句中一些平时没有发现的值得分析和探讨的地方，后来发现，从教学和留学生的语料中可以获得不少启发。有的语言现象在汉语母语者看来是十分平常的，以至于我们根本没有注意到这些语言现象有什么特别之处，直到在教学过程中遇到留学生提问，并且发现他们的语料中出现的各种各样的偏误，再参照汉语本体细加琢磨，才发现汉语语言系统的复杂度和学习难度远超原先的想象。留学生输出的语料中出现大量的简化现象和回避现象，语料中一些看起来形式简单的存现句存在大量的偏误，如留学生倾向于用"有"字存在句代替其他存在句，这导致"有"字存在句中常常出现一些隐性偏误。看上去形式简单的无动存在句在留学生的语料中很难看到，这提示我们形式简单的表达由于在范畴中的典型性程度较低，反而更加难以习得。

　　近年来，我陆续阅读了国内外一些认知语言学方面的著作和文章，感觉从认知的角度来分析汉语本体并运用认知语言学方面的理论指导教学，能够有更强的解释力和更大的实践操作空间。因此，本书借用了认知语言学中的构式理论、原型理论、图形-背景理论、关联理论等相关知识来分析汉语存现句本体和第二语言教学。希望这种尝试能够得到学界同人的批评和指正。

　　在本书的撰写过程中，齐沪扬老师详尽、专业的指导及建议给予我非常多的启发和灵感，因此我在撰写《存现句》一书的同时，也开始了我的另一部专著《现代汉语存现句认知研究》的写作。可以说如果没有参与齐老师的课题，《现代汉语存现句认知研究》一书不可能问世。齐老师严谨、认真、自律的工作态度使我钦佩和感动之余，也促使我自省和努力。齐老师作为项目负责人，在组织完成项目的整个过程中，付出了大量的心血和时间，在此向齐沪扬老师表示衷心的感谢和敬意！另外，还要感谢胡建锋老师、李铁范老师、潘国英老师、唐依力老师等各位老师的辛勤付出！

　　本书的责任编辑为书稿的修订和出版给予了极大的支持和帮助，在此表示诚挚的谢意！

　　写作本书的过程中家人一直陪伴在身边，年迈的父亲时不时地问询写作情况和出版进度，这些都给予我深深的感动和温暖。

　　本书中的一些看法和观点还有拓展和改进的空间，希望自己能够以此为契机，在汉语本体、第二语言习得研究和教学中进行新的努力和探索。

费惠彬

2022 年 10 月 29 日